高等职业教育旅游大类专业示范院校"十三五"规划教材
编委会

顾　问

马　勇　　教育部高等学校旅游管理类专业教学指导委员会副主任
　　　　　　中国旅游协会教育分会副会长
　　　　　　中组部国家"万人计划"教学名师
　　　　　　湖北大学旅游发展研究院院长，教授、博士生导师

总主编

薛兵旺　　湖北省职业教育旅游管理类专业教学指导委员会秘书长兼学术委员会主任
　　　　　　武汉商学院旅游与酒店管理学院院长，教授

委　员（排名不分先后）

张金霞　王诗龙　张耀武　余远国　郭　沙　张树坤　袁　畅
熊娟梅　鄢向荣　夏　栋　陈　静　石小平　刘　斌　马金城
石海云　刘长洪　代　莹　魏　娟　罗银舫　夏绍兵　王姣蓉
张菊芳　李建中　张　勇　吴　戈　李旭元　揭爱民　刘朝阳

高等职业教育旅游大类专业示范院校"十三五"规划教材

总主编 薛兵旺

形体礼仪训练
Physique Etiquette Training

主　编／余晓玲　庞　荣　顾　敏
副主编／孟　茜　康思超　云晶晶
参　编／段秀花　杨千红

华中科技大学出版社
http://www.hustp.com
中国·武汉

内 容 提 要

本教材分为上下两篇。上篇包括基本姿态训练、基本功训练及瑜伽训练三个项目。项目一主要训练基本姿态,锻炼学生的气质与风度;项目二主要通过芭蕾舞基本功的训练提升优雅的形体气质;项目三主要通过瑜伽训练提高学生的柔韧性,从而培养学生的健康体魄。下篇包括妆容形象训练、服饰形象训练、社交礼仪训练、求职面试礼仪训练四个项目。项目一、项目二主要训练妆容的描画及服饰的搭配,培养学生对自我形象的管理及正确审美观的形成;项目三和项目四主要是训练学生在社交及求职面试时能够正确、得体地运用礼仪,体现当代青年人良好的素质和教养。本书以任务为导向,强调训练实践,穿插典型案例,注重过程考核。

图书在版编目(CIP)数据

形体礼仪训练/余晓玲,庞荣,顾敏主编. —武汉:华中科技大学出版社,2017.8(2022.8 重印)
高等职业教育旅游大类专业示范院校"十三五"规划教材
ISBN 978-7-5680-3093-9

Ⅰ.①形… Ⅱ.①余… ②庞… ③顾… Ⅲ.①形体-礼仪-高等职业教育-教材 Ⅳ.①K891.26

中国版本图书馆 CIP 数据核字(2017)第 164317 号

形体礼仪训练	余晓玲 庞 荣 顾 敏 主编
Xingti Liyi Xunlian	

策划编辑:李 欢 周晓方
责任编辑:李家乐
封面设计:闰江文化
责任校对:李 弋
责任监印:周治超

出版发行:华中科技大学出版社(中国·武汉)   电话:(027)81321913
　　　　　武汉市东湖新技术开发区华工科技园　　邮编:430223
录　　排:华中科技大学惠友文印中心
印　　刷:武汉科源印刷设计有限公司
开　　本:787mm×1092mm　1/16
印　　张:11 插页:2
字　　数:268 千字
版　　次:2022 年 8 月第 1 版第 10 次印刷
定　　价:38.00 元

本书若有印装质量问题,请向出版社营销中心调换
全国免费服务热线:400-6679-118　　竭诚为您服务
版权所有　侵权必究

随着中国经济的迅猛发展,旅游业已成为中国经济中发展势头最强劲、规模最大的产业之一,旅游消费已成为国民大众的常态化生活选项。从消费主体看,旅游正由少数人的旅游活动转变为国民大众的常态化生活选项;从产业内容看,旅游业正由狭义的旅游商业范畴转向广义拓展的大旅游商业领域。从酒店业到旅游住宿业,从旅行社业到旅行服务业,从旅游景区到休闲度假旅游业,从旅游购物店到形式多样的商业购物体系,从定点餐厅到目的地餐饮接待体系,从传统旅游交通到多主体、多层次的交通体系,旅游要素行业的内涵和外延不断拓展。

据世界旅游业理事会(WTTC)测算,未来10年,中国旅游产业对GDP综合贡献达到10%以上,超过教育、银行、汽车产业;而据国家旅游数据中心测算,中国旅游就业人数占总就业人数也将超过10%。在中国旅游业可持续发展的大背景下,我国的旅游高等教育也迎来了黄金发展机遇期,有80%以上的高等职业教育院校开设了旅游专业,为我国旅游业发展输送了大批的高素质的技术技能型人才。

教材建设是高等院校的一项基础性工作,是衡量学校办学水平的重要标志。目前,我国高等职业院校旅游专业的教材建设已初具规模,并取得了阶段性成效。但是,旅游管理专业教材不足以满足大旅游时代的需求,不能满足现代旅游业发展的需求。由于教材编写者专业素养不够、缺乏行业实践经验等原因,旅游管理专业教材存在选题重复、不成体系、内容脱离工作实际等问题。因此,必须把握时代的脉搏,按照高等职业教育的发展规律,开发出一套对应用型旅游教育具有引领和示范作用,既有一定理论基础,又能提升学生技术技能,同时又能满足应用型旅游管理专业人才培养需要的专业教材。

为此,我们集中了湖北省高等职业教育示范性旅游院校的学科专业带头人和骨干教师,共同编写了本套教材。

本套教材采用全新的体例,力求打破传统的编纂方法。一是注重应用性和针对性,理论知识以"必须够用"为原则,契合旅游企业实际情况,强调教材内容的针对性与适用性。二是采用最前沿资讯,融入行业、企业最新案例。三是力求条理清晰,避免层次混杂。教材每一级标题都提炼出明确的观点,再展开阐释,让学生一目了然,而不是到段落中去寻找要点。

　　本套教材将遵循"循岗导教"的人才培养理念,按照"产教融合,工学结合"的指导思想,设置教学目的、教学重点与难点、典型案例、教学资源包等内容,强调课堂教学与实训指导的一致性和相关性,避免内容的重复与脱节,从而准确定位和把握本套教材内容的科学性和实用性。

湖北省职业教育旅游管理类专业教学指导委员会

学术委员会主任

薛兵旺

2016 年 1 月 6 日于武汉商学院

前言

近年来,旅游业迅猛发展,旅游服务专业人才需求量不断加大,对旅游从业人员的要求不断提高,人与人之间、人与企业之间、企业与企业之间交往频繁,如何在交往中表现得体,如何通过个人更好地展现企业形象,为企业创造发展机遇,越来越受到旅游从业人员及管理者的重视。一个优秀的旅游从业人员除了具备一定的专业知识和技能外,更应该具备健康优美的形体、高雅脱俗的气质和良好的身体素质。形体礼仪训练正是帮助旅游管理专业学生养成这一基本素质的最好途径。

本教材坚持理论联系实际,遵循传统与现代、继承与发展的原则,力求既能反映行业需求,又能贴近教学实际。本教材突出以人为本的编写理念,适当减少理论阐述的篇幅,加大图片的分量,力求图文并茂、讲教结合,具有较强的可读性、操作性和趣味性。为了适应旅游行业的发展,尽可能在教材中体现新理念、新知识、新方法等方面的内容,力求使教材具有鲜明的时代特征。

本教材采用项目和任务的形式编写,每一项能力指向一个项目,每个项目由多个任务组成,旨在为学生提供系统、实用的形体礼仪规范及训练方法,指导并帮助学生塑造良好的个人形象,使学生能够在日常社会、社交场合、商务场合中树立良好的个人或者企业形象,以赢得更多的个人机会和商业机会。

本教材突出旅游管理专业注重实践的教育特色,强调实践性。在教学设计中插入实用性较强的案例,注重实用性和针对性。在教学过程中通过图示和分解动作示范教学,更利于学生的理解和训练。

本教材的编写教师来自长期坚守形体与礼仪教学一线的专职教师,积累了丰富的教学经验,编写的内容更易于让学生接受。

本教材由武汉交通职业学院余晓玲担任第一主编,武汉职业学院庞荣担任第二主编,武汉交通职业学院顾敏担任第三主编。具体编写分工为:项目一由三峡旅游职业学院云晶晶编写,项目二由武汉外语外事职业学院康思超编写,项目三由武汉职业学院庞荣编写,项目四由武汉交通职业学院顾敏编写,项目五由湖北幼儿师范高等专科学校孟茜、段秀花编写,项目六、项目七由武汉交通职业学院余晓玲编写。武汉交通职业学院杨千红老师担任专业知识技术指导。在编写过程中,编者参考了大量相关书籍和专家学者的研究

成果,也得到了相关学校领导、老师和学生的大力支持,在此一并深表谢意。

由于编者水平有限,书中难免有不足之处,恳请使用本书的师生与读者提出宝贵意见和建议,以便使之不断改进和完善。

编　者

上篇

项目一 基本姿态训练

任务一 站姿训练 / 4
  一、正确的站立姿态要领 / 4
  二、手位 / 5
  三、脚位 / 5

任务二 坐姿训练 / 6
  一、正确的坐姿要领 / 6
  二、双手的摆法 / 6
  三、双腿的摆法 / 7
  四、基本坐姿 / 7
  五、坐姿的注意事项 / 10
  六、标准离座要领 / 10

任务三 走姿训练 / 11
  一、标准走姿要领 / 11
  二、走姿训练方法 / 11

任务四 其他几种体姿训练 / 12
  一、点头礼 / 12
  二、握手礼 / 12
  三、递物礼仪 / 13
  四、接物礼仪 / 13
  五、鞠躬礼 / 14

项目二 基本功训练

任务一　认知基本功训练 / 17
　一、基本功训练的含义 / 17
　二、基本功训练的内容 / 18
　三、基本功训练的作用 / 18
　四、基本功训练的方式 / 19

任务二　基本功训练的准备 / 20
　一、基本功训练的"形"与"位" / 20
　二、基本功训练的基本原则 / 24

任务三　把杆训练 / 26
　一、压腿 / 26
　二、踢腿 / 28
　三、开肩 / 28
　四、开胯 / 29
　五、蹲 / 29
　六、擦地 / 29

任务四　地面训练 / 29
　一、上肢力量与柔韧性练习 / 30
　二、胸腹部力量与柔韧性练习 / 31
　三、腰背部力量与柔韧性练习 / 34
　四、下肢力量与柔韧性练习 / 35
　五、脚面柔韧性练习 / 37

任务五　短句组合训练 / 37
　一、芭蕾舞基本手位组合 / 37
　二、勾绷脚组合 / 38
　三、头部及提压腕组合 / 39

项目三 瑜伽训练

任务一　了解瑜伽的基本知识 / 42
　一、瑜伽的常见分类 / 42
　二、瑜伽的体式 / 42
　三、瑜伽训练的禁忌 / 43

任务二　瑜伽基础体式 / 46
　一、热身体式 / 46
　二、基础体式 / 49

任务三　瑜伽训练 / 58
　一、瑜伽训练基本系列 / 58
　二、双人瑜伽 / 63
　三、艾扬格瑜伽 / 64

下篇

项目四
妆容形象礼仪训练

任务一　化妆的基本步骤与方法 / 70
　　一、基底化妆 / 70
　　二、眉型的勾画与修饰技巧 / 76
　　三、眼妆的处理技巧 / 80
　　四、鼻子的修饰 / 85
　　五、腮红的修饰 / 86
　　六、唇的描画 / 87

任务二　矫正化妆 / 88
　　一、底妆的矫正 / 88
　　二、脸型的矫正 / 88
　　三、鼻子的矫正 / 89
　　四、眼形的矫正 / 89
　　五、唇形的矫正 / 91

项目五
服饰形象礼仪训练

任务一　服饰形象设计概述 / 94
　　一、简述服饰发展的历史 / 94
　　二、服饰与礼仪的关系 / 95
　　三、服饰形象设计的构成要素 / 97

任务二　观体色寻找自我的专属色彩 / 99
　　一、色彩定义 / 99
　　二、色的构成 / 99
　　三、色彩的分类 / 99
　　四、色彩属性 / 100
　　五、色彩形象 / 100
　　六、色调 / 104
　　七、寻找属于自己的色彩 / 104

任务三　观体形寻找与自身相应的服饰款式 / 109
　　一、了解五官 / 109
　　二、了解体型 / 109

任务四　场合着装 / 115
　　一、女士穿着规则 / 115
　　二、男士穿着规则 / 118

任务五　年龄着装 / 120
　　一、女士不同年龄阶段着装打扮 / 120
　　二、男士不同年龄阶段着装打扮 / 123

项目六 社交礼仪训练	任务一 沟通交流礼仪 / 130
	一、问候礼节礼仪 / 130
	二、称谓礼节礼仪 / 131
	三、介绍礼节礼仪 / 132
	四、握手礼节礼仪 / 133
	五、鞠躬与拥抱礼仪 / 135
	任务二 餐饮礼仪 / 136
	一、餐饮通用礼仪 / 136
	二、西餐礼仪 / 137
	任务三 职场礼仪 / 141
	一、办公室基本礼仪规范 / 141
	二、沟通礼仪 / 142

项目七 求职面试礼仪训练	任务一 求职面试前的准备 / 149
	一、准备求职信 / 149
	二、准备简历 / 152
	三、求职前的心理准备 / 152
	四、面试前的形象准备 / 156
	任务二 面试时的礼仪 / 156
	一、见面时的礼仪 / 156
	二、自我介绍的要点 / 157
	三、应答礼仪 / 158
	四、面试时的其他细节 / 158

参考文献 / 162

上 篇

Xingti Liyi Xunlian

项目一　基本姿态训练

知识目标：了解和熟悉常用站姿、坐姿、走姿礼仪规范，掌握基本站姿、坐姿、走姿的种类、方法和要求。

能力目标：通过系统的理论知识学习和训练，能在不同的场合选择正确且恰当的身体姿态。

素质目标：通过系统的训练，提高自身修养，注重举止细节，养成良好的仪态习惯。

基本姿态训练是礼仪训练中非常重要的内容，是体现一个人行为举止是否得体的重要标准。一个人表现出来的各种身体姿态，传达了他的内心，通过对身体基本姿态的训练，以强烈的视觉效果，增强学生对仪态美的感知和理解；通过细节调整，提升美的表现力，在审美教育中提高学生的审美素养。

> **案例导入**
>
> 2015年9月3日,中共中央总书记、中央军委主席习近平和夫人彭丽媛参加了中国抗日战争暨世界反法西斯战争胜利70周年阅兵式,被称为中国"第一夫人"的彭丽媛以端庄、时尚的形象,赢得国内人民及国外嘉宾的一致好评。可见,优雅、端庄的身体形态对于我们来说是多么重要。

任务一 站姿训练

良好的站姿是体现一个人的气质与风度的最常用的表现形式,它是衡量一个人外表乃至内在精神的重要标志之一。从一个人的站姿,可以看出这个人的健康状态、精神状态、品德修养以及对事物的专注程度。人与人之间的第一印象往往来自第一时间看到对方时所表现出来的站立姿态,若人的站立姿态表现得优雅端庄,就会增加亲和力以及信任度。

在正式场合,要注意自己的形态礼仪,不可弯腰、驼背,眼睛不要斜视或眼光迷离涣散,肩膀不要倾斜,双肩不可抖动,双手应当自然下垂,不可叉在腰间或背在背后,更不可交叉抱在胸前。在整个交谈或见面的过程中,不宜把双手插在裤子口袋里或者不停晃动,更不可倚靠在他处。

女士可以通过需要以及场景的改变而自然变换站立的姿势,可以使用双脚并拢的站立姿势,丁字步站姿在适当的时候也是可以选择的。丁字步站姿可以巧妙掩饰O型腿女士的身体缺点,而且会使双腿和双脚看起来更加纤细、修长。男士在站立时除了保持基本站姿外,还应充满自信,让交谈的对方感受到信任感和庄重感。

一、正确的站立姿态要领

(1) 头部正直,双眼平视前方,下颌微微内收,面部保持微笑。

(2) 双肩自然放松并打开,挺胸、收腹,双臂放松自然下垂,立腰、提臀,双腿并拢,要求两膝间无缝隙,整个人保持提气状态。

站立姿势的训练方法有以下几种。

(1) 身体靠墙。背靠墙站立,头部、脚跟、小腿、臀部、双肩和头部靠着墙壁,此方法可训练整个身体的肌肉能力。

(2) 双腿夹纸。站立者在两大腿之间夹上一张纸,尽量保持所夹的纸不松、不掉,此方法可训练腿部的控制能力。

(3) 头顶书籍。站立者按要领站好后,在头上顶一本书,努力保持书在头上的稳定性,此方法用来训练头部的控制能力。

(4) 顶书行走。站立者将书本顶在头顶,努力保持身体正直,使书本在头顶上保持平衡,进行直线、曲线行走,此方法用来训练整个身体的控制能力。

二、手位

站立时,双手可采取下列几种手位,如图 1-1 所示。

(1) 双手置于身体两侧,如图 1-1(a)所示。

(2) 右手搭在左手上叠放于体前,如图 1-1(b)所示。

(3) 双手叠放于体后,如图 1-1(c)所示。

(4) 一手放于体前,一手背在体后,如图 1-1(d)所示。

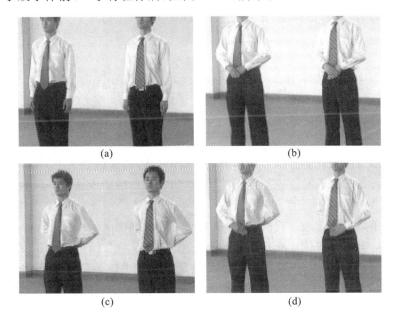

图 1-1　站立时的手位

(注:图片来自百度网。)

三、脚位

站立时可采取以下几种脚位,如图 1-2 所示。

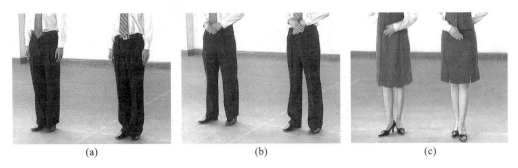

图 1-2　站立时的脚位

(注:图片来自百度网。)

(1) "V"形,如图 1-2(a)所示。

(2) 双脚平行分开不超过肩宽,如图 1-2(b)所示。

(3) 小"丁"字形,如图 1-2(c)所示。

任务二　坐姿训练

坐姿是一种常见的工作姿势,也是一种可以维持较长时间的工作姿势。它在另外一个层面而言,也是一种常用的休息姿势,常常出现在人们的社交会议以及娱乐中。正确良好的坐姿给人端庄、优雅的印象,更加有利于健康。

一、正确的坐姿要领

(1) 入座者应保持精神饱满,面部表情自然,面带微笑,目光平视前方或注视交谈对象脸部。

(2) 整个身体应当端正舒展,重心自然垂直向下或稍向前倾,腰背自然挺直,臀部占座椅面的 2/3。

(3) 大腿以及双膝自然并拢或微微分开,双脚并齐,或前后相离半脚距离。

(4) 两手可自然放于腿上或椅子的扶手上,切勿随意摆动或揉搓。

标准入座要领有以下几点。

(1) 从椅子后方开始入座,一般绕到椅子的左侧走到椅前。

(2) 到椅前半步远的位置立定,右腿轻向后撤半步,用右腿小腿去感受椅子的位置,待确定之后,身体重心缓缓下落,此时注意身体姿态保持上体不变,垂直坐下,臀部接触椅面时,应当缓慢,避免发出声响。(如果女士着裙装,在坐下时应当双手轻轻护住臀部后方,表现出端庄典雅。)

(3) 入座后应当双膝闭拢,双脚并齐,身体上身应当保持正直姿态。

二、双手的摆法

坐时,双手可采取下列手位之一,如图 1-3 所示。

(a)　　　　　　　　(b)

图 1-3　坐时双手的摆放

(注:图片来自百度网。)

(1) 双手平放在双膝上,如图 1-3(a)所示。

(2) 双手叠放,放在一条腿的中前部,如图 1-3(b)所示。

(3) 双手叠放在侧身一侧的扶手上,掌心向下。

三、双腿的摆法

坐时,双腿可采取下列姿势之一,如图 1-4 所示。

(1) 标准式,如图 1-4(a)所示。

(2) 侧腿式,如图 1-4(b)所示。

(3) 重叠式,如图 1-4(c)所示。

(4) 前交叉式,如图 1-4(d)所示。

  (a)   (b)   (c)   (d)

图 1-4 坐时双腿的摆放

(注:图片来自百度网。)

四、基本坐姿

(一)女士坐姿

1. 类型

女士坐姿基本有以下几种类型,如图 1-5 所示。

(1) 标准式,如图 1-5(a)所示。

(2) 侧点式,如图 1-5(b)所示。

(3) 前交叉式,如图 1-5(c)所示。

(4) 后点式,如图 1-5(d)所示。

(5) 曲直式,如图 1-5(e)所示。

(6) 侧挂式,如图 1-5(f)所示。

(7) 重叠式,如图 1-5(g)所示。

2. 几种基本坐姿的要领讲解

(1) 标准式。抬头收额,挺胸收肩,两臂自然弯曲,两手交叉叠放在偏左腿或是偏右腿的地方,并靠近小腹。两膝并拢,小腿垂直于地面,两脚尖朝正前方。着裙装的女士在入座时要用双手将裙摆内拢,以防坐出皱纹或因裙子被打折而使腿部裸露过多。

标准式坐姿可以称为第一坐姿,此坐姿适合于刚刚与客人接洽,也就是我们的入座式。

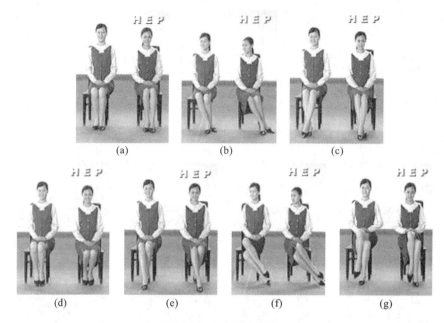

图 1-5　女士基本坐姿

(注：图片来自出国留学网。)

（2）侧点式。两小腿向左斜出，两膝并拢，右脚跟靠拢左脚内侧，右脚掌着地，左脚尖着地，头和身躯向左斜。注意大腿与小腿要成90°的直角，小腿要充分伸直，尽量显示小腿长度。此坐姿适合于与交谈方面对面坐着。

（3）前交叉式。在标准式坐姿的基础上，右脚后缩，左脚交叉，两踝关节重叠，两脚尖着地。

（4）后点式。两小腿后屈，脚尖着地，双膝并拢。

（5）曲直式。右脚前伸，左小腿屈回，大腿靠紧，两脚前脚掌着地，并在一条直线上。

（6）侧挂式。在侧点式坐姿的基础上，左小腿后屈，脚绷直，脚掌内侧着地，右脚提起，用脚面贴住左踝，膝和小腿并拢，上身右转。

（7）重叠式。在标准式坐姿的基础上，腿向前，一条腿提起，腿窝落在另一腿的膝关节上边。要注意上边的腿向里收，贴住另一腿，脚尖向下收起。

重叠式坐姿我们通俗会说成二郎腿，长期保持此坐姿容易造成腰椎与胸椎压力分布不均，引起腰痛，甚至是静脉曲张等，所以此坐姿建议少用。

（二）男士坐姿

1. 类型

男士坐姿基本有以下几种类型，如图 1-6 所示。

（1）标准式，如图 1-6(a)所示。

（2）前伸式，如图 1-6(b)所示。

（3）前交叉式，如图 1-6(c)所示。

（4）交叉后点式，如图 1-6(d)所示。

（5）曲直式，如图 1-6(e)所示。

（6）重叠式，如图 1-6(f)所示。

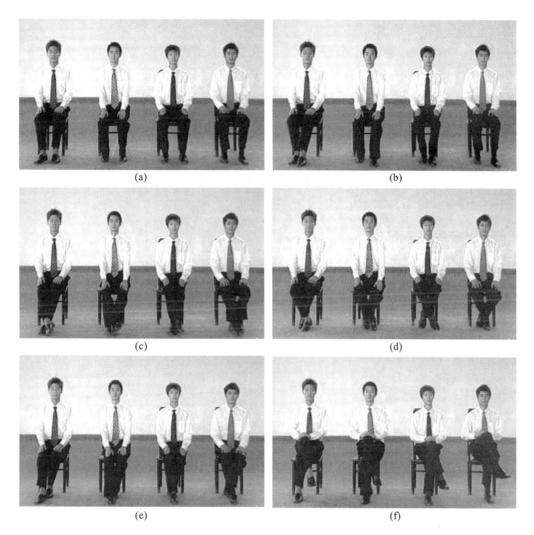

图 1-6 男士基本坐姿

2. 几种基本坐姿的要领讲解

(1) 标准式。上身挺直,双肩正平,两手自然放在两腿或扶手上,双膝并拢,小腿垂直落于地面,两脚自然分开成 45°。

(2) 前伸式。在标准式的基础上,两小腿前伸一脚的长度,左脚向前半脚,脚尖不要翘起。

(3) 前交叉式。在标准式的基础上,小腿前伸,两踝关节重叠。

(4) 交叉后点式。双膝先要并拢,然后双脚在踝部交叉。需要注意的是,交叉后的双脚可以内收,也可以斜放,但不要向前方远远地直伸出去。

(5) 曲直式。在标准式的基础上,小腿前伸,两脚踝部交叉。

(6) 重叠式。右腿叠在左膝上部,右小腿内收贴向左腿,脚尖下点。

坐好后,上身的姿势也很重要,主要有如下几点要求。

（1）头部端正。不要在别人面前就座时出现仰头、歪头、扭头等情况，整个头部应当如同一条直线一样，和地面垂直。

（2）躯干直立。一般坐满椅面的 2/3。在工作中需要就座时，通常不应把上身完全倚靠在座椅的背部。可能的话，最好一点都不倚靠。在跟客人交谈时，为表示重视，不仅应面向对方，而且要把整个上身朝向对方。

（3）手的摆放。通常可以把手放在两条大腿上，既可以双手各自扶在一条大腿上，也可以双手叠放或相握后放在大腿上。

（4）欠身致意。坐着的时候如果有人为你介绍或遇到熟人和朋友及公司有关人员时，可以欠身致意，上半身稍向前倾，不一定低头，面带微笑注视对方，欠身时只需稍微起立，不必站立。

五、坐姿的注意事项

（1）坐时不可前倾后仰，或歪歪扭扭。

（2）双腿不可过于叉开，或长长地伸出。

（3）不可高架"二郎腿"或"4"字形腿。

（4）不可将大腿并拢、小腿分开，或双手放于臀部下面。

（5）坐下后不可随意挪动椅子。

（6）腿、脚不可不停抖动。

（7）与人谈话时不要用手支着下巴。

（8）双手不要放在两腿中间或抱腿。

（9）脚尖不要指向他人，脚不要蹬踏他物。

（10）不要把脚架在茶几上或架在椅子扶手上。

六、标准离座要领

（一）注意离座先后顺序

身份高者要先离座，身份低者应当主动起身让行，身份相当者可同时离座。

（二）离座起身轻稳

起身离开座位时注意动作要缓慢，运用腰部的力量使身体站立，不能用力过猛，更不能拖移椅子，身体摇晃不定。

（三）离座方位

离座方位与入座一样，同样是从椅子的左边离座。

（四）站稳之后再行走

离座时应要稳当自然，右脚可以向后略收半步，找准身体平衡之后再起立，站起身后，双脚要保持平齐状态，移步要从容。切勿在离座时表现得慌慌张张，给人留下浮躁不稳重的感觉。

任务三 走姿训练

走姿是指一个人在行走过程中的姿势，是展示人的动态美的延续动作，是节奏美的体现。对走姿的要求是"行如风"，这是指行走动作连贯，从容稳健。协调和韵律是步态的最基本要求，良好的步态应该是自如、平稳、轻盈、矫健、敏捷，给人动态之美，表现朝气、蓬勃、积极向上的精神状态。

一、标准走姿要领

（1）走姿是连续性的动作，也是站姿的延续动作，行走时，必须保持站姿中除手和脚以外的各种要领。女士要求两脚内侧落地时，在一条直线上，即行走时应以脚尖正对着前方，形成一条虚拟的直线，每行进一步，脚跟都应当落在这一条直线上。男士要求平行前行，两脚内侧着地的轨迹不在一条直线上，而是在两条直线上。

（2）行走时主要靠腰部力量将身体保持平衡，身体重心稍向前倾。起步时，身体须向前微倾，身体的重量要落在反复交替移动的前面那只脚的脚掌之上，切勿让身体的重心停留在自己的后脚上。当前脚落地、后脚离地时，注意膝盖一定要伸直，落下脚时再稍微松弛，并即刻使重心前移，形成良好的步态。

（3）行走跨步均匀，步幅约一只脚至一只半脚为宜，不宜过大，导致重心不稳。标准步幅为一脚至一脚半，即前脚脚跟与后脚脚尖之间的距离为本人脚长度的1~1.5倍。男士步伐略大以展示阳刚之美，应稳健、有力、洒脱；女士步幅略小以体现阴柔之美，应轻盈、优雅、飘逸。

（4）行走迈步时，两腿之间距离要小。女性穿裙装尽量要走成一条直线，使裙子下摆与脚的动作协调，呈现优美的韵律感；穿裤装时，宜走成两条平行的直线。

（5）行走过程中避免"内八字"或"外八字"的现象出现，脚尖要求对准正前方行走。

（6）双手要求前后自然下垂且协调摆动，手臂与身体的夹角一般在10°~15°，始终保持由大臂带动小臂摆动，肘关节稍可微曲，双肩平衡以防止左右摇晃，双臂则应自然放松，以肩关节为轴，大臂带动小臂，手掌向着体内，前后自然摆动，摆幅以30°左右为准。

（7）走路时，应脚掌先落地，然后脚后跟触地。从美学的角度讲，前脚掌先触地，能减少全身的摆动与颠簸，给人一种轻巧感，行走时要有节奏感，膝盖和脚腕都要富有弹性，伸放自如，双臂自然、轻松地摆，不要左右式摇摆。走在一定的韵律中，才会显得自然优美、风度潇洒。

（8）在行走过程中，切勿用手随意触摸周围的栏杆或者物品。

二、走姿训练方法

（一）迈步分解动作练习

（1）保持基本站姿，双手叉腰，左腿擦地前点地，与右脚相距一个脚长，右腿直腿蹬地，髋关节迅速前移重心，成右后点地，然后换方向练习。

（2）保持基本站姿，两臂体侧自然下垂。左腿前点地时，右臂移至小腹前的指定点位置，左臂向后斜摆，右腿蹬地，重心前移成右后点地时，手臂位置不变，然后换方向练习。

（二）行走连续动作训练

（1）左腿屈膝，小腿自然提起，大腿向上抬起，提腿向正前方迈出，脚跟先落地，经脚心、前脚掌至全脚落地，同时右脚后跟向上慢慢垫起，身体重心移向左腿。

（2）换右腿屈膝，经过与左腿膝盖内侧摩擦向上抬起，勾脚迈出，脚跟先着地，落在左脚前方，两脚间相隔一脚距离。

（3）迈左腿时，右臂在前，迈右腿时，左臂在前，保持手与脚相反的状态，避免出现同手同脚。

（4）将以上动作连贯运用，反复练习。

项目实训

活动名称：对号入座。

活动目的：让学生对不良走姿对号入座，找出自己走姿的"败笔"，逐一改正，造就优雅自然、仪态万千的"平衡美人"。

活动方式：教师以表格方式列出不良走姿细节，让学生自己对号入座，并说出此细节的正确要领，强化练习（见表1-1）。

表1-1　不良走姿细节

不良走姿细节	正确要领	改正步骤
含胸驼背		
垂头走路		
拖泥带水		
八字脚		
手臂摆幅过大		

活动反馈：学生反馈效果。

任务四　其他几种体姿训练

一、点头礼

规范的点头是：面正、微笑、目平视，头快速上扬后下点。

男士点头时速度稍快些，力度稍大些，体现男性的阳刚洒脱；女士的上扬和下点速度稍慢些，力度稍小些，体现女性的阴柔娴雅。

二、握手礼

两人的手掌相向，握住对方的手掌并上下轻轻摇晃。

年轻者对年长者、身份低者对身份高者应稍稍欠身或趋前,双手握住对方的手,以示尊敬。

男性与女性握手时,往往只握一下女性的手指部分。

握手的时间通常以3~5秒为宜,一般情况下握手的时间可短些。握手的力度应适度,要不轻不重,恰到好处。

握手时应注意以下几点:①洁净;②专注;③礼貌;④不要跨门槛握手;⑤多人时不要交叉握手;⑥男性在握手前应先脱下手套、摘下帽子。

三、递物礼仪

出于对对方的尊重,递物时必须用双手相递,在递物的同时必须根据当时的情景及对象采用一些符合当时情节的礼貌用语,如"请您喝茶"、"您拿好"、"麻烦您了"等。

如果是采用站姿递物,那么递物时应面带微笑,注视对方并稍稍弯腰;如果是采用坐姿递物,注意要稍微欠身或站起来递给对方,切不可挺胸抬头或坐着不动将东西递给对方。

递物时,如果所递的东西有明显的把手,如茶杯、工具等物品,必须要将有把手的一面递给对方。递笔、剪刀之类的尖利物品时,需将尖头朝向自己或将有利刃的一面向下,并用提示性语言,如"您注意点儿"等类似的语言或眼神提醒对方。

所递东西如果上面有文字,必须要将有字的一面放在上边,并且字的方向以对方正视为准,如递交文件、图书杂志、名片时,均应使文字正面朝着对方,以方便对方观看。

如果所递的东西较小,无法双手相递时,必须要用右手持物,左手轻扶右臂将东西递给对方。

递交钞票时,将现金放在信封中,双手将装有现金的信封递送给对方。

四、接物礼仪

当对方双手递过物品时,必须要双手接物,即使是晚辈、下级递过来物品时,也要如此,同时必须说一声符合当时情境的礼貌用语,如"谢谢"、"麻烦了"等。

当对方是站立或虽坐着、但欠身递送物品时,必须要站立起来或欠身接过物品。即使递送物品的是晚辈、下级,也应欠欠身,表示对对方的尊重。

如果对方递过来带有利刃的物品,当接过来后必须要迅速将利刃转过来,不要继续对着对方。

如果对方递过来的物品确实没有价值的话,在对方没有离开前,也应该将该物品放在一个合适的位置,切不可随意扔到一边,同时也应该说一声符合当时情境的礼貌用语。如递过来的是文字材料,要整齐地放在桌上;如递过来的是名片,应礼貌地看看,然后放好,切不可随意扔到桌上或抽屉里。

接受奖品、奖状时,要用双手去接,行鞠躬礼,然后转过身体,台面向下,将奖状高举头顶向大家展示,然后用双手拿好贴在胸前。

接受他人名片时,应当恭恭敬敬,双手捧接,然后认真观看,以表示对赠送者的尊重,还可就名片上的某问题当面请教。看过名片后,要仔细地把名片放在名片夹里,并表示谢意。应通过接受名片时的动作与表情来显示对对方人格的尊重。

接受其他物品时,应将对方恭敬递过来的物品,同样恭敬地用双手去接,同时点头示意或道谢。应避免不经意地接过对方递送过来的物品,不向对方表示感谢,或接过名片也不看就随意地放到一堆物品中间,或随手不经意地塞进衣袋,或放置一旁,这些都是失礼或不妥的表现。

五、鞠躬礼

鞠躬礼既可以应用在庄严肃穆或喜庆欢乐的仪式中,也可以应用于一般的社交场合;既可应用于社会,也可应用于家庭。如下级向上级、学生向老师、晚辈向长辈行鞠躬礼表示敬意,上台演讲、演员谢幕表示谢意等。另外,各大商业大厦和饭店宾馆也用鞠躬礼向宾客表示欢迎和敬意。

鞠躬礼的基本动作规范有以下几点。

（1）行礼之前应当先脱帽,摘下围巾,身体肃立,目视受礼者。男士的双手自然下垂,贴放于身体两侧裤线处;女士的双手下垂搭放在腹前。

（2）根据情况,以腰部为轴,整个肩部向前倾15°以上（或是30°,具体视行礼者对受礼者的尊敬程度而定）,同时问候"您好"、"早上好"、"欢迎光临"等礼貌用语。

（3）朋友初次见面,同事、宾主之间,下级对上级及晚辈对长辈等,都可以用鞠躬礼表达对对方的尊敬。

（4）一般情况下,鞠躬要脱帽,戴帽子鞠躬是不礼貌的。鞠躬时,目光应该向下看,表示一种谦恭的态度,不可以一面鞠躬一面翻起眼看对方,这样做姿态既不雅观,也不礼貌。鞠躬礼毕起身时,双目还应该有礼貌地注视对方,如果视线转移到别处,即使行了鞠躬礼,也不会让人感到是诚心诚意的。

（5）鞠躬时,嘴里不能吃东西或叼着香烟。上台领奖时,要先向授奖者鞠躬,以示谢意,再接奖品,然后转身面向全体与会者鞠躬行礼,以示敬意。

（6）使用鞠躬礼时,注意不同国家的习惯。例如在马来西亚,见面时,男子一般是一面举起右手放在胸前,一面深鞠躬;女子一般是先双腿稍微弯曲,然后鞠躬。朝鲜人见面时也行鞠躬礼,不过,男人既可鞠躬,也可握手;而妇女一般只鞠躬。在新加坡,人们见面时通常握手问候,但对东方人则轻轻鞠躬。

项目小结

本项目首先介绍了常用站姿、坐姿、走姿的礼仪规范,接着阐述了基本站姿、坐姿、走姿的种类、方法和要求;同时结合了相应的训练标准进行实训检测,以期使学生掌握基本的身体姿态训练的方法,培养学生良好的身体形态及礼仪规范。

一、知识训练

1. 简述基本姿态训练的种类。

2. 站姿训练的技巧有哪些？

3. 待物、接物的要求是什么？

二、能力训练

运用本项目所学知识和技能，参考相关资料，掌握在颁奖典礼中应如何完成礼仪人员的工作。

目的：运用实例训练学生的身体姿态。

要求：根据选定的环境，将基本姿态训练结合完成并运用得当。

 案例分析

面试时，应该注意哪些身体姿态？

一天，张先生去 A 公司面试，A 公司为了全面了解应聘人员的状态，将候考厅和面试进行全程监控。公司评委在监控中看到张先生端坐在候考椅上，认真准备自己的面试内容，当点到张先生的名字时，他从容地从椅子上站起来，椅子基本上没发出任何声音，并没有影响到同期考试的人员，起身后，张先生仔细整理了自己的仪容仪表，小心地走到面试厅门前，轻轻地敲门三声，才进入房间。

讨论题：

（1）请指出面试时应该注意哪些身体姿态？

（2）本案例对你有哪些启示？

项目二　基本功训练

知识目标：了解基本功训练的含义、内容、作用及训练方式，掌握芭蕾舞基本功训练中的手位、脚位和方位，掌握形体姿态训练的基本方法，通过把杆、地面、短句组合训练改善体态，塑造优美的形体和优雅的气质。

能力目标：通过芭蕾舞的基本功学习，提升柔韧性及身体各部位的灵活性。解放身体，提高身体素质，同时为后期的训练做好准备。

素质目标：提高自身的艺术修养，使自己拥有健康的审美、优雅的形体气质。培养自身认真学习的态度、不怕吃苦的精神和探索新知识的兴趣。

掌握芭蕾舞基本功训练中的手位、脚位和方位。通过教学使学生了解和掌握形体舞蹈的基本知识和基本技能，全面发展身体素质，掌握良好形体、礼仪、个人形象塑造的基础知识和基本技能，使学生在进行服务时，基本姿态标准，并养成良好的锻炼习惯，全面提高学生的综合素质。

>>> 案例导入 <<<

曾任美国总统的老布什，能够坐上总统的宝座，成为美国"第一公民"，与他的仪态表现是分不开的。在1988年的总统选举中，老布什的对手杜卡基斯，猛烈抨击老布什是里根的影子，没有独立的政见。而当时老布什在选民中的形象也的确不佳，因为老布什有个毛病，他的演讲不太好，体态不够优雅，手势及手臂动作总是显得很死板。后来老布什接受了专家的指导，纠正了尖细的嗓音、生硬的手势和不良的体态，并且在以后的竞选中竭力表现出自我意识，从而改变了人们对他原有的评价。可见，不论在任何领域，自身的整体形象所带来的社交成果都不容小觑。

基本功训练是以人体科学理论为基础，通过各种训练手段用以改善形体的状态，提高人体良好形态的控制能力和表现能力。基本功训练不仅可以加强健康，增强体质，改善和塑造人的体形与体态，陶冶美的情操，还可以培养良好的气质，从而达到外在的形体美与内在的气质美的完美统一。

任务一　认知基本功训练

基本功训练是形体训练的基础，也是重要环节。通过系统、科学的学习和严格、规范的训练，使学生在柔韧性及身体的灵活性等方面，达到舞蹈所需要的身体素质要求，有助于培养学生良好的体态、优雅的气质，为今后的形体训练奠定良好的基础。

一、基本功训练的含义

基本功训练，指舞者在肢体训练时进行"开、绷、直、圆、曲、收"等一系列的基本形态的舞蹈基本功训练。它是学生强化体态气质和姿态形成的关键，也是动作技能和心智技能形成的最根本的途径。尽管形体的表现形式多种多样，但在基本功训练上，却具有规范性。

○○○○○○○○○○○○○○○○○ 知识链接 ○○○○○○○○○○○○○○○○○

形体训练与基本功训练的异同

1. 不同点

形体训练通过舞蹈基础的练习结合芭蕾舞、古典舞、民族民间舞等进行综合训练，而舞蹈基本功训练是学习舞蹈的重要环节，通过系统规范的训练使学生在柔韧性、软开度及身体的灵活性等方面，达到舞蹈所需要的身体素质要求。有形体动作的训练就叫形体训练，它的要求没有那么严格，而舞蹈基本功训练具有规范性，它是强化舞蹈气质与舞姿形成的关键。

舞蹈基本功训练主要针对舞蹈专业的学生,有一定的专业难度。形体训练以基本站立姿势、手位、脚位为练习,舞蹈基本功训练中各舞种也有基本的站姿、手位、脚位,以及各个元素性动作,比形体训练更加全面。形体训练可围绕芭蕾的基本元素来训练,在所有舞蹈体系中,芭蕾舞的形体训练体系是比较严谨和完整的。而舞蹈基本功训练更加全面,不仅有芭蕾基本功训练,还有中国古典舞、民族民间舞、现代舞等各舞种的基本功训练。舞蹈是通过手势、舞姿、造型、队形变化等人体舞蹈语汇来表现作品的主题思想,而形体训练是构成舞蹈语汇的最基本单位,是通向舞蹈艺术的必经之路。舞蹈基本功训练是训练学生肢体的柔韧度,增加身体的柔韧度,增强肢体对各部肌肉的控制和协调能力,把肌肉练成"条状",培养乐感和伴随音乐灵活地运用手、眼、身、步各种动作的风格韵律。形体训练是舞蹈的基础训练,最终目标是改造自然状态的形体,使之趋于艺术和理想的状态,因此,它有助于提高形体素质,改善形体条件,规范形体动作。

2. 相同点

基本功训练中的"开、绷、直"内容也就是古典芭蕾基本功训练,与形体训练中也具有芭蕾的表演性相符。两种训练都能培养、塑造人的优美体态,培养优雅的气质,纠正日常生活中不正确的姿态,为舞蹈学习奠定基础。两种训练中的对象也是女性占大多数,男性占少数。两种训练都有气息与身体的配合,有了气的推动才能形成动作,才能把动作做活,需在训练的实践中掌握呼吸的要领。两种训练都有把上和把下的一系列基本功训练,都是在无数次重复动作的基础上,改正错误的动作从而做到更好。经常参加形体训练和舞蹈基本功训练,可以加强肌体神经系统、大脑和心血管系统的功能,提高神经活动,使人更加健康、聪明。它们是外环境对肌体的刺激,使肌体处于运动状态。两种训练在培养人的思想、品德、修养、情操、仪表、礼节及艺术品位鉴赏能力等方面都有不可忽略的作用。两种训练都是充分展示和表达美的途径。

(资料来源:http://www.cdsf.org.cn/a/index/45029.html.)

二、基本功训练的内容

基本功训练在我国艺术院校的舞蹈专业的教学中随处可见,如古典芭蕾舞、中国古典舞、民族民间舞、现代舞等基本功的训练。对于非舞蹈专业的学生而言,舞蹈基本功训练的主要内容是对头、颈、肩、臂、手、腰、臀、腿、脚等部位的训练。

三、基本功训练的作用

为了解决和克服学生的自然形态,必须保证把上练习的数量和质量。在这个基础上,要让学生增加表现力就应多做把下练习和各种组合练习。由于身体条件及生活中存在各种习惯性动作,往往容易导致初学者不得要领,如力量、柔韧性、控制力与稳定性、协调性与灵活性,表现为松懈、呆板、僵硬、不协调。所以,基本功训练就是要解决学生自然形态的各种毛病,使其掌握正确的形态;增加身体的柔韧度,增强肢体对肌肉的控制和协调能力;培养乐感和伴随音乐灵活地运用手、眼、身、步各种动作的风格韵律。训练和不训练大不一样，如腿部肌肉能力差的人，体态就不漂亮，感情也不能通过造型自由地表现出来。所以，有人说舞蹈中"抬不起的腿是看不见的腿"。一串节奏明快、刚健有力、气势轩昂的舞蹈动作，不但需要力量，还需要速度力量、肌肉的控制力和弹跳力。一个柔韧性差的学习者，动作很难做到文静、柔和，腿抬不高，腰下不去，动作也会显得笨拙僵硬。近几年，我国芭蕾业余教育蓬勃发展，因为人们意识到芭蕾不仅是在人的形体健美、手脚灵敏、步伐轻盈上有特殊的作用，在培养人的仪表、礼节及艺术品位鉴赏能力等方面也有着不可忽略的作用。

四、基本功训练的方式

（一）关注呼吸

呼吸是形体展示中的一个重要枢纽，是靠它来支配动作和贯穿到动作中去的。舞蹈和音乐一样，讲究呼吸控制的重要性，俗名叫"运气"。动作的大小幅度都受呼吸的控制，有了气的推动才能形成动作，把动作做活，在舞蹈基本功训练的实践中逐渐掌握呼吸的要领。

> **知识链接**
>
> **运用"腹式呼吸"**
>
> 形体训练时应重点体会肌肉的协调用力；尽量不要屏气，要保持呼吸的流畅自然，深呼吸时让气息达到腹部；不要借助惯性做动作；每个动作要按顺序进行，尽量使动作精准到位，质量比数量更重要。但要想达到最佳效果，关键在于学会"腹式呼吸"，即要求在呼吸时学会运用呼吸的力量来锁紧腰腹部的肌肉。

（二）芭蕾舞基本功训练

古典芭蕾源于意大利，发展于法国宫廷，兴盛于俄罗斯，经过上百年的发展，形成了古典芭蕾中要求的"开"、"绷"、"直"、"长"。

1. 开

初学者应注意整条腿和脚的外开训练，要求膝盖总要打开，膝盖不能扣着，腿和跨跟要"断开"，站立时要抬头挺胸。

2. 绷

不只是绷脚，在做站立、行走、坐、蹲等一系列动作时腿是绷紧的，尤其是大腿内侧的肌肉更要绷紧。但绷紧不是僵硬，做动作一定要松弛，绷紧是为了加强腿部的力度，更加灵活地完成舞蹈的技巧与动作。如踢腿时是由脚尖带着向上有爆发力地踢腿，而不是大腿的发力，错误的方法会使大腿越长越粗。

3. 直

芭蕾注重整个人成一条直线，从侧面看人应该是薄薄的一个平板。舞者不管是站、坐、走、立还是做其他动作时，头、颈、躯干、腿部都应该直立向上，因为芭蕾舞是最高贵、最典雅的舞种,男生可以想象自己是英俊的王子,女生则是美丽典雅的公主。

4. 长

长也可称延伸。舞者在做动作时一定要把动作做"活",而这里的"活"就是要求动作要有延伸感,动作延伸了自然就"长"了。如我们在做擦地动作的时候,擦出去的脚不光是轻轻点在地面上,要有向下穿透的延伸感,要感觉从楼上延伸到楼下。

任务二 基本功训练的准备

一、基本功训练的"形"与"位"

(一)基本功训练的"形"

1. 掌形

1)兰花掌(女)

五指伸直,虎口收紧,拇指向中指靠拢,食指、中指、无名指有层次感,如图2-1所示。

2)虎口掌(男)

五指伸直,虎口打开,食指自然上翘,如图2-2所示。

图2-1 兰花掌

图2-2 虎口掌

2. 脚形

1)勾脚

脚趾带动脚尽量向上勾,前脚掌尽力向上,脚趾与小腿的角度越小越好,如图2-3所示。

2)半勾脚

脚趾上勾,脚背绷直,如图2-4所示。

3)绷脚

脚趾尽力下压,脚背尽量绷直与小腿成为平行线,如图2-5所示。

图2-3 勾脚

图 2-4　半勾脚　　　　　　　　　图 2-5　绷脚

(二)基本功训练的"位"

知识链接

芭蕾的起源

芭蕾一词本是法语 ballet 的音译,意为跳或跳舞。芭蕾最初是欧洲的一种群众自娱或广场表演的舞蹈,在发展进程中形成了严格的规范和结构形式,其主要特点是女演员要穿上特制的足尖鞋立起脚尖起舞。作为一门综合性的舞台艺术,芭蕾17世纪在法国宫廷形成。1661年,法国国王路易十四下令在巴黎创办了世界第一所皇家舞蹈学校,确立了芭蕾的五个基本脚位和七个手位,使芭蕾有了一套完整的动作和体系。

1. 手位

手的形态为:五指放松,大拇指向中指靠拢,食指微微上翘,从肩到手保持没有棱角的弧线。

1)一位

在基本站立要求的基础上,双手在身前下垂,手臂略呈弧形,两臂合成一个圆形,肘关节略用力向两侧展开,手心相对,两手手指相距一拳,手掌与身体也相距一拳,如图 2-6 所示。

2)二位

保持一位手的形态,两条手臂平平地向上端起,手心对着胸口约第三个纽扣处,使肩到手指有一个下坡度,双肩仍保持一位时的弧度,有一种合抱大树的感觉,如图 2-7 所示。

3)三位

保持二位手的形态,双臂同时向头顶鼻子的上方抬起,手心朝头顶,肘关节略向后用力掰开,双臂仍保持弧形,如图 2-8 所示。

4)四位

一手臂保持在三位手位置上,另一臂保持原有形态下降到二位手的位置,如图 2-9 所示。

图 2-6　一位　　　　图 2-7　二位　　　　图 2-8　三位　　　　图 2-9　四位

5）五位

停留在三位手的手臂仍保持不动，下降至二位手的手臂向外向旁扩张出去到正旁稍靠前，肘关节向上抬起，手心向着另一侧的斜前方，从肩到手指也略有一点坡度，如图 2-10 所示。

6）六位

已打开到旁的手臂保持不动，另一手臂从三位手的位置上，下降到二位手的位置，如图 2-11 所示。

图 2-10　五位　　　　　　　　　　　　图 2-11　六位

7）七位

原已打开的手臂仍保持不动，下降到二位手的手臂向外向旁扩张出去到正旁，此时双臂都到了身旁，严防肘关节下坠，感觉上好像几个人在围抱一棵更大圆周的大树一样，如图 2-12 所示。

图 2-12　七位

2. 脚位

芭蕾舞的基本脚位有五种位置,这些位置构成了形体训练者达成稳定或直立的基础,是形体训练的基本功。对于初学者来说,也许不能立刻达到标准,毕竟这些站姿与我们日常生活中的站立姿态大相径庭,有些人的自然开度好,动作能很轻易地完成;有些人开度较差些,但只要按照动作要领进行科学、系统、规范的训练,在一定时期内也可以逐渐达到要求,改善不良体态。

1) 一位

两脚完全外开,两脚跟相接形成一横线,如图 2-13 所示。

2) 二位

两脚跟在一位基础上,向旁打开一脚的距离(根据自己脚的大小),如图 2-14 所示。

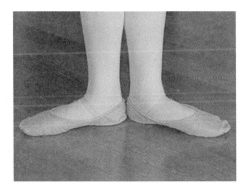

图 2-13 一位

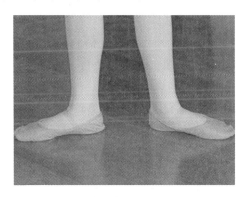

图 2-14 二位

3) 三位

一脚位于另一脚之前,前脚跟紧贴后脚心,前脚盖住后脚的一半,如图 2-15 所示。

4) 四位

一脚从三位向前打开,两脚相距一脚的距离,前脚跟与后脚趾关节成一条线,如图 2-16 所示。

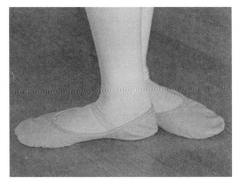

图 2-15 三位

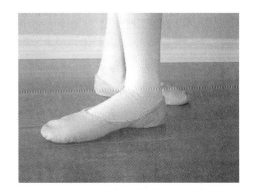

图 2-16 四位

5) 五位

两只脚紧贴在一起,一脚的后跟紧挨着另一只脚的脚尖,前脚完全遮盖住后脚,如图 2-17 所示。

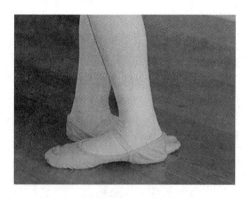 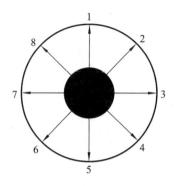

图 2-17 五位　　　　　　　　　　图 2-18 方位

3. 方位

一切舞蹈动作必须在恰当的方向和位置上才能准确地表现出来,因而形体训练者面向哪个方向,脚站在哪个位置,眼看向哪里,都有严格的要求,必须对自身的平面角度和方向有一个明确的概念。

形体训练中共有八个方位,是用以规范舞蹈者面向、走向的专业术语。1—8 点,呈米字型,45°一个点,舞蹈者正前为 1 点,依次点数顺时针方向,即场地正前方为第一方位——1 点;右前、右旁、右后为第二、三、四方位——2、3、4 点;正后为第五方位——5 点;左后、左旁、左前为第六、七、八方位——6、7、8 点,如图 2-18 所示。

二、基本功训练的基本原则

众所周知,人只有在健康的基础上才会有美的体形,健康可以通过各种体育锻炼来获得,但优美的体形则需要进行长期、定期、科学的训练才能获得。

(一)科学系统的原则

形体训练的内容在层次上应与练习者的年龄、心理和生理发展的规律、形态控制能力的现状以及职业的要求相适应。这样才能确保形体训练的系统性,逐步提高形体素质和技巧要求,同时也要根据练习者学习的进展情况逐渐增加新内容,从而促进练习者练习的积极性。

(二)理实一体的原则

形体训练以培养良好形态的身体练习为主要方法,同时也必须重视学习形体训练的基础知识。练习者只有在初步掌握怎样确立良好形态的原理和方法后,才能运用人体的相关知识提高保持良好身体形态的能力。

(三)内容多样的原则

身体素质的提高练习是艰苦的,练习者在形体训练初期感觉到的是辛苦,而后期是疲劳。健身目的明确、美体观念强的人,会在形体训练中苦中作乐,但自控能力差的人就很难坚持下去。只有坚持采用多种内容和方法进行形体训练,才能充分调动和激发练习者的兴趣,培养其积极主动的参与心理,克服由于训练内容的单调、枯燥和动作难度等带来的困难。

(四)改善体态的原则

确定形体训练内容时,要以有效培养良好形态为准则,对于形态控制效果好和具有实用意义的基本体操、基本功的训练,应在各训练阶段中反复出现,逐步提高。对技术性较强的内容,要考虑训练本身的技术含量,对发展形体素质有利的训练内容要坚持每训必有。

(五)定时训练的原则

有规律地从事形体训练会令练习者充满活力。首先,形体训练能促进向大脑及人体其他部位供氧;其次,人在活动时容易出汗,而出汗则有助于人体排毒;最后,与不爱运动者相比,白天定时锻炼者的夜间睡眠质量要高许多,而且锻炼者早晨起来时普遍感到爽快和舒服。若从真正保健的角度出发,训练者每周应该进行1～2次基本功训练。

(六)循序渐进的原则

循序渐进的原则是指在实施增强某种体能的锻炼方案时应逐渐增加负荷。通常,练习者在实施某种训练方案的前4到6周内应缓慢地增加负荷,随后的16到18周的训练期间,应逐步增大负荷。要想获得最佳的形体状态,增加负荷不宜太慢或太快,负荷增加太慢会限制体能水平的提高,增加太快则可能由于运动量太大而造成长期的疲劳或引起肌肉、关节损伤。在体育锻炼期间,应根据每个人对锻炼负荷的忍受水平不同而区别对待,采用一个渐进速率以保证安全有效。当练习者到达他所希望的体能水平时,就无须再增加练习强度或持续时间。实际上,一旦达到所希望的体能水平后,以某种固定的负荷进行有规律的训练,就能保持这种体能水平。

 案例分析

训练因人而异,循序渐进

某高校一名19岁的女生在上形体课时急于求成,在没有做热身运动的前提之下压腿,由于用力过猛,产生撕裂般的疼痛感,于是便去医院进行治疗。在医院做完检查,医生告知是韧带拉伤,但不是很严重,三个月的时间就能好,如果是严重拉伤将会很难恢复。在我国有很多运动员会有肌肉拉伤的情况,有时候会安排他们去国外进行治疗,因为国外的技术相对是较先进的,在国外的发达国家治疗严重肌肉拉伤,一年左右的时间就好了,在国内的话可能需要一年半的时间。

案例分析: 体育锻炼对增强体质、促进健康的作用是循序渐进、逐步提高的。循序渐进原则要求在进行体育锻炼时逐渐增加运动负荷,要想获得理想的锻炼效果,增加运动负荷不宜太慢或太快。该原则是保持体育锻炼动机和欲望以及预防运动损伤的重要保证。

需要牢记的是,保持良好的身体健康素质是一个持续不断而且需要终身追求的漫长历程。始终保持较高的运动欲望和对体育活动的喜爱是成功走完这一漫长历程的关键因素,而在学校期间身体健康素质所获得的持续进步和成功的心理体验对未来能否完成这一漫长历程起着十分重要的作用。

任务三 把杆训练

芭蕾舞基本功之把杆训练（也叫扶把训练或把上练习）是指训练的时候扶着固定的物体进行的训练，包括擦地练习、蹲步练习及压腿练习等。把杆训练是塑造姿态美的主要手段，对发展下肢及躯干的力量、柔韧、灵巧、协调，增强对身体重心的控制，提高平衡能力都非常有效，同时起到使身体的姿态规范化的作用。把杆训练包括基本手位、基本站位、半蹲、全蹲（比如双手扶把蹲、单手扶把蹲）、擦地（比如双手扶把擦地、单手扶把擦地）、小踢腿（比如双手扶把小踢腿、单手扶把小踢腿）和划圈等动作。单腿蹲和小弹腿、压前腿、压旁腿、压后腿也是相当重要的训练动作。这些训练动作可以使脊柱、臀、脚踝、臂充满活力，从而培养优雅和高贵的气质。

一、压腿

（一）压腿应遵循的原则

1. 规范动作，分步进行

（1）初练时，不宜做强度很大的练习。把腿放在把杆上，髋部后坐，臀部要平，支撑腿与地面垂直，膝部挺直，被压腿脚尖向上并有意识地向回勾扣，上身用力向前移动，使被压腿成一直线。脚尖回勾有利于拉长腿部韧带、肌腱、肌肉，上身前移可拉长躯干，特别是脊椎。一条腿压几分钟后，再换另一条腿。几天之后，腿部肌肉变得柔软而富有弹性时，可进行下一步。

（2）被压腿及支撑腿均挺直，双手按压被压腿膝部，收髋使身体尽量向前俯压，以增强膝关节后窝肌的伸展性。

（3）双手按被压腿膝部，髋部后坐，上身用力向前下俯压，试着以腹部贴大腿，此步完成后，可进行下一步练习。

（4）双手由下抱握被压腿小腿，上身用力向前下俯压，试着以腹部贴大腿、以胸部贴膝盖。此步完成后，可进行下一步练习。

（5）被压腿与支撑腿挺直，双手搬住脚掌，腹部贴大腿，胸部贴膝盖，试着以额头碰脚尖。此步完成后，可进行下一步练习。

（6）双手搬住脚掌，腹部贴大腿，胸部贴膝盖，试着用嘴触脚尖。此步完成后，可进行下一步练习。

（7）双手搬住脚掌，依照上法，用下腭碰脚尖。此步完成后，说明正压腿已完成。

只有这样一步一步地练习，使躯干与腿部形成一一对应，如腹部与大腿、胸与膝、头与脚尖依次对应接触，才可避免躯干与腿之间出现空隙。

2. 由轻到重，由低到高

压腿时，身体对腿部韧带、肌腱、肌肉施加压力。初练时，用力要轻，当练习一段时间后可逐渐加重压力；如果一开始就施以重力，也许能坚持一两天，恐怕到第三天连走路也难了。腿的高度应由低到高，将腿放至与腰同高，压到下颌碰到脚尖时，可把腿放在与胸同高的物体上,完成后,可把腿放在与肩同高的物体上,直至把脚放在与头同高的物体上。

3. 先拉后压,由近及远

初练压腿,因其腿部韧带、肌腱、肌肉伸展性差,猛然用力拉长,不仅徒劳无功,还会使韧带受伤。因此初练时,应先拉长腿部韧带、肌腱、肌肉及脊椎,然后施以振压,振压也要一下一下地进行,不可急于求成。压腿时还要注意躯干与腿部的接触是由近及远的,躯干与腿相应部位的接触顺序是:腹部—胸部—头部;大腿—膝盖—脚尖,不要一开始就毫无顾忌地用头硬碰脚尖。

(二)前压腿

主力腿要开,脚尖向外打开,动力腿尽量向外转开,身体直立保持胯的平衡,右腿向前伸出,轻轻放在把杆上,压腿时用小腹去贴大腿,上身尽量保持笔直,注意绷脚尖,如图2-19所示。

图 2-19 前压腿

(三)侧压腿

右手扶把,左手位于三位,向旁压腿,主力腿外开,动力腿的脚背尽量向外打开,收紧臀大肌,旁腰打开,要保持胯的稳定,如图2-20所示。

图 2-20 侧压腿

(四)后压腿

主力腿深蹲,右手臂上举,立半脚尖,向上挺直,身体向后压,下胸腰,如图2-21所示。

图 2-21 后压腿

二、踢腿

(一) 踢腿应遵循的原则

踢腿是腿功柔韧性训练最为重要的一步,它可以巩固压腿、劈腿、吊腿的效果,也为实战腿法训练打下了坚实的基础。踢腿时常出现的问题有:①重心不稳,甚至摔倒;②支撑腿脚跟抬起或支撑腿膝部弯曲;③弯腰弓背。为了解决上述问题,踢腿时要注意以下几点。

1. 起腿要轻

腿将要踢起时,要迅速地将身体重心移到另一腿上,使将要踢起的腿部肌肉放松,这样才会起腿轻,踢腿快如风。为防止摔倒,也可背靠墙或肋木练习。

2. 踢时要快

腿由下至上快速向面部摆动,这里有一个加速的过程。踢时髋部要后坐,腿上摆有寸劲。刚刚练习踢腿时,必须保持动作的规范性,宁可踢得刚过胸也不可把支撑腿的腿跟抬起或膝部弯曲,或是弯腰凸背,用头去迎碰脚尖,这些均说明腿的柔韧性训练不到位,韧带还没有拉开。只要坚持压踢结合,常练不辍,定会实现脚碰前额的。

3. 落腿应稳

初练者往往踢起腿刚落地,就踢另一腿,从而出现出腿笨重、身体歪斜的现象。这是因为踢出的腿刚落地时,身体的重心还在原支撑腿上,腿下落时转移重心,势必出现上述现象。正确的做法是等腿落实后,身体重心转换已毕再踢出另一腿。

(二) 大踢腿

踢腿比压腿更重要,它可以增强腿部韧带的柔韧性,可向三个方向踢腿,即前踢腿、侧踢腿和后踢腿。

踢腿时呈五位站立,左手扶把,右手打开七位,右腿向前踢起 90°以上,点地,还原成五位,然后向侧踢腿,稳住重心,点地,收回五位。踢腿时方向要准确,身体不能向后坐。

三、开肩

开肩就是把肩部与大臂之间的连接处,经过一定方法的锻炼,使其具备既柔韧又有弹性的特征。开肩能锻炼肩部、大臂的筋骨张力,促使肩、肘、手三节具备自然顺畅的整劲,形成"身备五张弓"中两肩之弓的科学方法,是主要的基本功训练之一。

双手扶把,手打开与肩同宽,俯身向后退,身体和腿部成直角,双脚打开比肩略宽,抬头、挺胸、塌腰,膝盖伸直,开肩时尽量用胸部向下使劲,如图 2-22 所示。

四、开胯

开胯就是拉大腿内侧的韧带。练习之前,最好先压压腿,这样算是热身,不容易受伤。

图 2-22　开肩

开胯有两种方法:①扶着把杆,打开双腿下蹲,蹲的时候腿要尽量向两边打开,脚跟和脚跟并拢,最好呈"一"字形;②面向把杆,将一条腿架倒把杆上,另一条腿的脚掌呈"一"字形站立,用胯骨去贴把杆。

五、蹲

双手扶把,一位站立,身体挺直、直立,上身前屈,脚跟不能离地,慢慢向下蹲,然后还原直立,如图 2-23 所示。

六、擦地

双手扶把,一位站立,脚向前擦地出去,保持外开,两胯外开,双膝绷直,如图 2-24 所示。在擦地的过程中,注意收紧臀大肌,大腿尽量转开,内侧肌夹紧。

图 2-23　蹲姿

图 2-24　擦地

任务四　地面训练

地面训练主要是对练习者全身肌肉进行张力的系统训练,使练习者肌肉线条修长,避免肌肉向横向发展或成块状的形态,通过地面练习使练习者获得专项所必需的基础技能,能较好地掌握和控制身体重心的正确位置,是把杆训练后的准备练习。地面训练主要训练下肢的开度和柔韧性,提高练习者从脚尖到髋关节的外开能力,加大下肢各关节的活动范围及肌肉、韧带、肌腱等组织伸展与收缩的能力,使肌肉的张力得到均衡发展,腿形修长,肌肉线条优美。

地面训练时练习者的大部分与地面接触,从而可以说人体的整体重心处于地面,只有很小的一部分处于简单的运动状态,在这种重心状态下所训练的动作相对容易完成。地面训练自始至终要求学生保持良好的姿态,即挺胸、收腹、立腰、大腿和臀部夹紧上提以保持舒展、挺拔、优美。练习者要学会克服无形阻力,避免耸肩、塌腰、翘臀、憋气等不良习惯,使体态挺而不僵,动作柔而不懈,为后期训练打下扎实的基础。

经过长时间的地面训练,能改正体态自然松懈的习惯,训练出一个良好的体态。个人的姿态具有较强的可塑性,地面练习能使练习者的身体稳定性得到初步掌控。

知识链接

基本功训练要求形成的专业素质

力量——舞蹈者所需要的力量就是肌肉的速度力量、控制力和弹跳力等,它们是在肌肉收缩或张力增加时所产生的一种能力。

柔韧性——就人体关节活动幅度的大小而言,柔韧性好的人身段不僵不板,优雅美观。

控制力与稳定性——控制力是指舞蹈中肌肉拉紧保持平衡的控制力和保证舞姿形成的固定的力;稳定性是指在表演中调整、控制、恢复人体平衡和稳定的能力。

协调性与灵活性——协调性指全身各肌肉群都能相互协调配合;灵活性是指能够迅速改变身体或肢体某些环节的位置和方向的能力。

一、上肢力量与柔韧性练习

(一) 上肢力量练习

1. 哑铃锤式弯举

肩部紧绷,对握哑铃,举至胸前,发力时上臂与地面垂直,保持不动,背部挺直,目视前方,上臂前侧明显收缩,在最顶端有一定的挤压和紧绷感,如图2-25所示。

2. 仰卧后撑

双肩紧绷,下压,膝盖伸直,掌根支撑,双腿伸直,下肢放松,背部紧贴椅沿上下移动,绷紧肩部,手臂后侧发力推起身体,手臂后侧发力,背部贴着椅子边沿下落,如图2-26所示。撑起时,上臂后侧有明显的收缩感,肩部全程保持紧绷。

3. 哑铃反握划船

掌心朝前,反握哑铃。挺直背部俯身70°,小臂垂直于地面。手指尽可能放松,手肘贴

图2-25 哑铃锤式弯举

图 2-26　仰卧后撑

紧身侧向上拉,拉起时,背部有明显的收缩感,在最顶端有一点挤压感,如图 2-27 所示。

(二)上肢柔韧性练习

两人一组,面对面站立。双手搭放在对方的肩部,低头屈体向下垂直压肩,头部需要低于手臂,维持这样的姿势 20 秒左右,放松,重复此项练习,如图 2-28 所示。进行此项练习的时候,需要注意的是,随着练习的进行,两个手臂的宽度和低头的幅度不断加大,使肩部有拉伸的感觉,但要防止拉伤。

图 2-27　哑铃反握划船

图 2-28　两人面对面柔韧性练习

左臂弯曲至脑后,用右手掌握住左臂的肘部,然后向右侧拉伸,使肘肩产生拉伸的感觉,维持 20 秒,放松,换方向进行练习,如图 2-29 所示。在进行此项练习的时候,注意练习的幅度根据自身的情况逐渐加大,防止拉伤。

二、胸腹部力量与柔韧性练习

(一)胸腹部力量练习

1. 交替摸肩

俯卧于地面,双手与双脚支撑身体。双手支撑于肩的正下方,侧腹发力。手触碰对侧肩部,收紧腰腹,身体不要出现左右晃动,抬手瞬间憋气,腹部始终保持紧绷,如图 2-30 所示。

图 2-29　上肢柔韧性练习

图 2-30　交替摸肩

2. 跪姿俯卧撑

俯卧于地面,双手与双膝支撑身体。绷紧双肩和臀部,双手比肩略宽,手指抓地。双手离地,再重新撑起,胸部发力,收紧腹部支撑,挺直背部,身体触地,推起时,上臂向内夹,胸部有明显的收缩感,如图2-31所示。在最高点时,胸部有较强挤压感,下落到最低点时,胸部有轻微牵拉感。

图 2-31　跪姿俯卧撑

3. 平板支撑

俯卧,双肘弯曲支撑在地面上,肩膀和肘关节垂直于地面,双脚踩地,身体离开地面,躯干伸直,头部、肩部、胯部和踝部保持在同一平面,腹肌收紧,盆底肌收紧,脊椎延长,眼睛看向地面,保持均匀呼吸,如图 2-32 所示。每组保持 30 秒,每次训练 4 组,组与组之间间歇不超过 20 秒。

图 2-32 平板支撑

(二)胸腹部柔韧性练习

1. 坐姿左侧拉伸

端坐于地面,双手举过头顶,肩膀下沉,向左弯曲,左手落于身体左侧,右臂向左延伸。抬头,眼睛看向天花板的方向,右手向远处伸,左手推地,臀部不要离开地面,如图 2-33 所示。

2. 坐姿右侧拉伸

端坐于地面,双手举过头顶,肩膀下沉,向右弯曲,右手落于身体右侧,左臂向右延伸。抬头,眼睛看向天花板的方向,左手向远处伸,右手推地,臀部不要离开地面,如图 2-34 所示。

3. 胸腹拉伸

俯卧于地面,腿部完全贴紧地面,手将身体撑起,用力拉伸腹部。下巴上扬,挺胸,上半身向上延展产生舒展感,整个腹部有牵拉感,如图 2-35 所示。

图 2-33 坐姿左侧拉伸　　图 2-34 坐姿右侧拉伸　　图 2-35 胸腹拉伸

三、腰背部力量与柔韧性练习

（一）腰背部力量练习

1. 平板支撑开合跳

平板支撑起始姿势，收紧腰背保持上身稳定，双脚开合跳跃，起跳时臀部微微下沉，膝盖不要弯曲，双腿与上身尽可能绷紧，臀部上下运动幅度越小越好，身体保持弹性律动，如图 2-36 所示。

2. "V"字对抗支撑

坐于地面，双手双脚悬空，收紧腹部，双手与膝盖用力对抗，背部挺直，如图 2-37 所示。整个腹部始终有紧绷感，手与膝盖的对抗力越强则紧绷感越强。

图 2-36　平板支撑开合跳

图 2-37　"V"字对抗支撑

（二）腰背部柔韧性练习

1. 前下腰

双脚并立或双脚分立，上体前下弯腰，两手以掌心触地，或以双拳拳面触地，前下腰时，双膝不得弯曲，可自行有节奏地下压或随着组织者的口令有节奏地做动作，如图 2-38 所示。一般前下腰不超过 1 分钟，动作过后应起身做一些放松运动。

2. 侧弯腰

两脚分立与肩同宽，上体保持正直，一手沿裤缝线垂直下拉，不得勾头，如图 2-39 所示。一般侧弯腰不超过 1 分钟，应左右两侧交互进行，动作过后应做一些放松运动。

3. 后下腰

双脚分立与肩同宽，上体保持正直，两手顺大腿后侧下拉，上体后倒，抬头向后弯腰，如图 2-40 所示。可根据个人的柔韧情况，增加动作的幅度，两手的位置可在大腿后侧、膝窝、脚踝，也可两手后撑着地成桥形。做后下腰时，动作幅度由小到大，用力不得过猛，最好要有同伴在周围保护。

4. 背部拉伸

跪于地面，双手往前趴，腹部紧贴大腿，臀部紧贴脚后跟，手臂放松尽量向前伸展，肩部下压，背部放松，背部有明显的舒展拉伸感，如图 2-41 所示。

图 2-38　前下腰

图 2-39　侧弯腰

图 2-40　后下腰

图 2-41　背部拉伸

图 2-42　缓冲深蹲

四、下肢力量与柔韧性练习

（一）腿部力量练习

1. 缓冲深蹲

胯部突然放松让身体下坠，下坠时臀部后移，收紧臀部、背部，让下坠的身体停住，缓冲时重心位于脚后跟，缓冲时呼气，起身时吸气，蹲起时，臀部突然收紧稳定，如图 2-42 所示。

2. 后撤箭步蹲

双手用力握紧，绷紧上半身，挺直背部。下蹲时身体保持垂直于地面，后撤腿尽量蹲到最低，但膝盖不触地，两膝均呈 90°，重心均匀分布在两腿中间。身体下蹲时吸气，起身时呼气。蹲起时，前腿、臀部及大腿前侧有收缩发力感，如图 2-43 所示。

3. 跪姿左/右侧后踢腿

背部挺直，不可塌腰，除左/右腿外全身固定，脚尖朝下。踢腿时同侧臀向前提，腿不可以用力后伸，摆动腿的动作要找大腿竖直上抬的感觉，在慢速动作中，感受臀部的收缩，如图 2-44 所示。

4. 平衡蹲跳

全程前脚掌着地，摆动双臂带动身体起跳，下落时绷紧全身以稳定身体，停顿时，臀腿

图 2-43 后撤箭步蹲

图 2-44 跪姿左/右侧后踢腿

图 2-45 平衡蹲跳

有一定紧绷感,跳起时,臀部有收缩感,如图 2-45 所示。

(二)腿部柔韧性练习

1. 前韧带

以坐姿为基本姿态,双腿并直平伸,双腿在勾和绷的形态上,结合平伸手、双托掌手位,以拉伸柔韧度。在地面以髋关节为支点,躯干直立、气息松弛地存于横膈膜处,同时向前延伸和向下压,如图 2-46 所示。

2. 侧韧带

有以下两种基本方式。

(1) 双腿分别形成吸腿和旁腿,手位成托、按掌手位压旁腿,如图 2-47 所示。

(2) 在横叉的姿态上压旁腿。

(以左腿为例)坐姿,右腿吸腿,后背直立,左腿向旁向远伸直,双手成托按掌舞姿。在准备的姿势上,以托掌手引领,并带动身体向直膝伸直的一条腿贴拢。

3. 后韧带

以坐姿为基本姿态,前腿绷脚吸腿,后腿在外开、绷直的形态上向后向远拉伸。上身保持直立,两眼平视前方,与前腿同侧的手臂置于斜下位,撑地以保持身体平衡。与后腿同侧的手臂形成托掌舞姿,带动身体向后下压,如图 2-48 所示。

图 2-46 前韧带

图 2-47 侧韧带

图 2-48 后韧带

图 2-49 脚面柔韧性练习

五、脚面柔韧性练习

练习者坐于地面，伸直膝盖，勾脚尖，膝盖不能弯曲，稍停一会儿，反方向动作要领相同。可以两人一组练习。

练习者跪于地面，单脚脚尖与地面接触，臀部坐于脚跟上，向下用力，双手尽量轻轻扶于地面，如图 2-49 所示。

在进行地面练习的时候，因为大家是非专业舞蹈演员，所以柔韧性并不一定能够达到要求，两腿和上肢并不一定能接触到地面，如果柔韧性较差，两腿不能接触到地面，也不要强求，根据自身的身体状况，只要能达到自身身体的最大限度，使身体产生拉伸的感觉就达到练习的目的了。

任务五　短句组合训练

一、芭蕾舞基本手位组合

（一）准备动作

面向一点钟方向，一位手，丁字步。三指并拢，食指微微上翘，虎口收紧。肘部外展，感觉像抱着一个大球。如果肩上有一滴水珠滑落,它会沿着大臂到小臂,然后从食指尖滑落。

(二) 1—8 拍

4 拍上升到二位手,双臂成圆弧形弯曲并向前抬起,手心正对着胃部,手腕不能折腕。4 拍上升到三位手,手心相对,举过头顶,手臂保持圆弧形,目光随着手而移动。

(三) 2—8 拍

4 拍将右手从脸前划过,慢慢落到胸前,目光随着手而移动,头微微左倒,左手大臂和耳朵在同一条平行线上,变化为四位手。4 拍变为五位手,右手打开,目光随着手而移动,右手打开时往前往远送,大臂和小臂之间不能出现棱角。

(四) 3—8 拍

4 拍眼睛目送左手下降到二位,慢慢地从眼前滑落直到胸前,手臂保持圆弧形,变化为六位手。4 拍做七位手,左手向旁打开,到侧平举的位置,手的位置不能超过后背,手的高度不能高于肩膀、低于胸部。

(五) 4—8 拍

4 拍吸气,双手上升,提腕,呼气,双手下降,压腕,4 拍回到准备动作。

(六) 5—8 拍

2 拍手上升至六位,身体向右转,并向右下方倾斜,左脚擦地向 2 点钟方向点地,脚背绷起,膝盖弯曲,右脚为主力脚。2 拍左手向上变为三位位置,以右腿为轴画一个圈,从前到旁,再到后,向右下旁腰,眼睛看着右斜下方。2 拍左手在面前落下,落到胸前。1 拍双手一起向右带,下右旁腰,1 拍收左脚和双手回到准备动作。

二、勾绷脚组合

(一) 准备动作

端坐于地面,抬头挺胸,脊柱挺直,双手指尖点地搭放在身体两侧。双腿伸直并拢,膝盖蹬直,脚跟靠拢,脚趾自然放松。

(二) 1—8 拍

双勾脚。在准备动作的基础上,跟着节拍慢慢地将脚趾和脚背勾起。保持挺胸的状态,膝盖收紧,脚尖用力向上勾。

(三) 2—8 拍

双绷脚。脚趾向下用力,尽量接近地面,脚背向下绷,脚背和小腿在一条水平线上。膝盖收紧,大腿向旁打开,双腿夹紧。双手扶在地面上,上身直立挺起。

(四) 3—8 拍

单脚勾脚,动作要领和勾脚相同。2 拍勾左脚,2 拍勾右脚,2 拍绷左脚,2 拍绷右脚。

(五) 4—8 拍

重复第三个 8 拍。

（六）5—8 拍

双勾脚。前 4 拍勾脚，后 4 拍绷脚。

（七）6—8 拍

重复第五个 8 拍的动作。

（八）7—8 拍

1、2 拍缓慢地随着节拍勾起脚背；3、4 拍双脚往两边分开，保持勾脚的状态；5、6 拍绷脚背，膝盖外开，脚跟靠拢；7、8 拍并拢脚尖，绷脚背，绷脚尖。

（九）8—8 拍

将第七个 8 拍的动作反过来做一遍。

三、头部及提压腕组合

（一）准备动作

臀部跪坐在脚跟上，抬头挺胸，脊柱挺直，双手搭放在大腿上。肩膀打开，往下放，头正，双眼平视正前方，保持微笑。

（二）1—8 拍

1、2 拍低头，回原位；3、4 拍仰头，回原位；5、6 拍头部左倒，回原位；7、8 拍头部右倒，回原位。

（三）2—8 拍

左手正前方提压腕。兰花掌，手臂伸直，手腕提起，提腕时目光随手指移动。提腕时指尖向下，压腕时指尖向上。前 4 拍做提腕，后 4 拍做压腕。

（四）3—8 拍

重复第二个 8 拍的动作。

（五）4—8 拍

右手正前方提压腕，动作要领同上。前 4 拍做提腕，后 4 拍做压腕。

（六）5—8 拍

重复第四个 8 拍的动作。

（七）6—8 拍

左侧提压腕。左手提腕，右手背在身后，提腕时眼睛看手，压腕时眼睛看二位方向。前 4 拍做提腕，后 4 拍做压腕。

（八）7—8 拍

重复第六个 8 拍的动作。

（九）8—8 拍

右侧提压腕，动作要领同上。前 4 拍做提腕，后 4 拍做压腕。注意目光的变化。

项目小结

基本功训练是形体训练的基础,通过基本功的练习,发展协调性、柔软性、灵活性,提高自身的表现力、创造力,陶冶情操,在举手投足间平添几分优雅的风度与气质,同时,形成良好的人际关系,增强学生的身体健康、心理健康和社会适应能力。

项目实训

一、知识训练

1. 什么是基本功训练?
2. 基本功训练的内容是什么?
3. 基本功训练有什么作用?
4. 如何有效地进行基本功训练?
5. 基本功训练时需要遵循哪些原则?
6. 简述形体舞蹈基本的手形手位、脚形脚位动作要领。
7. 简述压腿时应遵循的原则。

二、能力训练

1. 分组练习基本功训练中常用的掌形、拳形、指形和脚形。
2. 练习芭蕾舞的七个基本手位。
3. 进行芭蕾舞的脚位练习。
4. 分成若干个小组,由老师说出形体训练中八个方位中的任意一个方位,学生迅速作答,看哪个小组的学生完成得最出色。
5. 进行压腿、踢腿、开肩、蹲以及开胯训练。
6. 进行芭蕾舞基本手位组合、勾绷脚组合、头部及提压腕组合练习。

项目三　瑜伽训练

知识目标：了解瑜伽的起源、类别，熟悉体式训练的要求和方法，熟悉瑜伽训练的禁忌。

能力目标：通过系统的理论知识学习，了解瑜伽的锻炼价值。

素质目标：让学生掌握瑜伽的精神，由身体的训练转化为精神的觉悟，从而培养学生的健康体魄。

能够说出练习瑜伽体式的注意事项和必要条件；组织小组竞赛，掌握瑜伽的基本理论和训练方法。

> **案例导入**
>
> 有一个女孩,身高1.55米,体重160斤,她非常自卑,用尽各种方法减肥,吃了无数的药,就差去抽脂了。我告诉她,不妨试一试瑜伽,她就去报了瑜伽班。半年下来,却没有效果。她怨我,我让她试一试我的方法,先做一个手部的练习。她看了,差点笑掉大牙:"你这个动作,可以消耗多少卡路里?就是一天24小时都做,也没有用啊!"我说:"试不试由你。"过了一年,她实在是没有其他方法了。我说:"你不妨试一试。"她答应了。我就教了一个动作,教了她3个小时。她说:"看上去很简单,居然这么多讲究!"因为她决心比较大,坚持了3个月。我问她有什么效果,她说,手比以前灵活了,整个手臂都比以前轻松了。我又教了她第二个腹部的动作。3个月后,她说,整个身体轻松了,而且,人也清醒了很多,食欲得到了控制,动作比以前快了,但体重没有什么变化。我又教了她一个腿部的动作。3个月后,她瘦了30斤。到现在,她已经只有90斤了。只用了3个动作,她就瘦下来了。

瑜伽起源于印度,距今已有五千多年的历史,被人们称之为"世界的瑰宝"。瑜伽一词,是从印度的梵语 yug 或 yuj 得来的,其意为一致、结合或和谐。据记载,瑜伽发源于印度北部的喜马拉雅山麓地带,古印度瑜伽修行者无意中发现各种植物与动物天生具有放松、治疗的功能,患病时能不经任何药物治疗而达到自然痊愈。因此,古印度瑜伽修行者依据动物的姿势观察、模仿并亲自体验,创造出一系列有益身心的锻炼系统,也就是体式训练。

任务一　了解瑜伽的基本知识

一、瑜伽的常见分类

(1) 锻炼肌肉力量——哈他瑜伽。
(2) 放松关节——阴瑜伽。
(3) 身体的力量、柔韧度和耐力——阿斯汤嘎瑜伽。
(4) 身体各部位的细节,利用各种辅助道具——艾扬格瑜伽。
(5) 减肥排毒——流瑜伽。
(6) 坚持体力练习——热瑜伽。
(7) 重视分享、交流和互助——双人瑜伽。

二、瑜伽的体式

体式并不是将其当做一种身体的练习,而是要当做一种体悟的手段,并把我们的身体与呼吸、心理协调,与我们的智性、意识与良知协调,与我们存在的核心协调统一,体式有一个缜密思考的过程,最终达到动力与阻力的平衡。身体的重量必须均匀分布于肌肉、骨骼以及各关节上,正如智性必须贯穿于身体的每个层面,从而达到最佳的健康状态。

(一)站立体式

站立体式强健腿部肌肉和关节,增强脊柱的力量和柔韧性。由于扭转和弯曲动作,脊柱周围的肌肉以及椎间关节变得灵活自如、协调一致。腿部动脉被拉伸,增加了下肢的血液供给,防止在小腿形成血栓。站立体式也强化了心血管系统,心脏的侧壁被完全拉伸,这样就促进了新鲜血液流向心脏。

(二)坐立体式

所有的坐立体式使臀部、膝盖、脚踝以及腹股沟的肌肉变得有弹性,坐立体式消除了横隔膜和喉咙的紧张与僵硬,使呼吸更通畅、更轻松。坐立体式还使脊柱保持稳定、内心变得平和、心肌得到舒展,身体各部位的血液训练也增加了。

(三)前屈体式

在前屈体式中,腹部器官受到挤压,这对于神经系统有种独特的功效。当这些器官放松时,前脑变得镇静,而流向整个脑部的血流量也得到调整,交感神经系统得到休息,从而使脉搏、血压下降。感官的压力消除了,官能也就放松了,肾上腺也缓和下来。由于在前屈体式中身体呈水平姿势,这就缓解了心脏因抵抗地心引力向身体泵送血液所造成的压力,使身体各部分的血液循环变得顺畅。同时,前屈体式强健脊柱的侧肌、椎间关节以及韧带。

(四)扭转体式

扭转体式使我们认识到脊柱健康和内在身体的重要性。在扭转体式中,盆腔与腹腔中的器官都受到挤压,并被血液充盈。扭转体式改善横膈膜的柔韧性,缓解脊柱、髋部以及腹股沟的不适,脊柱也变得更灵活自如,从而促进血液输送到脊柱神经,提高能量水平。

(五)后弯体式

所有的后弯体式都可以激活神经中枢系统,提高它们承受压力的能力。后弯体式有助于缓解和预防头疼、高血压和神经衰弱,使身体变得生机勃勃、能量充沛。对于忧郁症患者来说,后弯体式是无价之宝。

(六)倒立体式

许多人担心如果他们练习倒立体式,血压会升高或者出现血管破裂,这是一种误解。虽然长期站立也可能引发血栓以及静脉曲张,但没有人会停止站立。直立是人类进化的结果,正如人体被调整为直立姿势,也可以完成倒立体式。与扭转体式恰恰相反,倒立体式使盆腔与腹腔中的器官血流量减少,而大脑、心脏、肺等这些主要器官则充满血液。

(七)躺卧体式

躺卧体式是休息体式,它能使人精神焕发。虽然躺卧体式往往被安排在瑜伽练习的最后部分,但它也是预备体式,有助于放松身体,使关节变得强健。躺卧体式给予身体所需要的能量去完成更高强度的体式。

三、瑜伽训练的禁忌

实践证明,瑜伽练习好处多多,练习瑜伽前,首先要了解瑜伽练习的禁忌。

(1) 在做各种瑜伽练习时一定要在自己的极限内温和地伸展身体,千万不要用力推拉牵扯,如果超出自己极限的动作就是错误的练习。

(2) 保持空腹状态练习。饭后三到四个小时、饮用流体后半个小时左右练习为佳,练习中另有规定的不依此例。

(3) 如果在练习的过程中出现体力不支,或身体颤抖,请即刻收功还原,不要过度坚持。

(4) 一般说来,瑜伽每天都可以练,生理期也是可以的,但是要避免倒立以及腰腹部力量的练习,以免造成经血倒流。适当的瑜伽有利于缓解月经不调。

知识链接

瑜伽基础体式知识

练瑜伽贵在坚持,再忙也要抽空练习哦!

俗话说,世界上只有懒女人没有丑女人。纵使爱美之心人人有,但想要内外兼修,还需要长期的坚持。世上有上百万种瑜伽姿势,我们不必把世上每一个姿势全学到或练会,光是固定地练习几个能做到的,就可受益匪浅了。图 3-1 为几种常见的瑜伽基础体式。

图 3-1 几种常见的瑜伽基础体式

续图 3-1

续图 3-1

（资料来源：http://www.yujiame.com.）

任务二　瑜伽基础体式

一、热身体式

（一）山式站立

1. 功法

（1）站立，双脚并拢，大脚趾相触，脚趾均匀受力足弓提起，将身体的重量均匀地分布在整个脚面上。

（2）大腿肌肉收紧，带动膝盖收紧上体，同时大腿向后推。

（3）尾骨向下，展开前侧腹股沟。上体胸骨、肩胛内收下沉，脊柱向上伸展，颈部直立，头于正中，视线平视正前方。

（4）双臂放体侧，手肘伸直，双手指并拢向下伸展。

（5）保持体态的同时，进一步平衡身体的左右两侧，感觉像山一样挺拔、稳固。具体如图 3-2 所示。

2. 功效

基本的站立姿势，能增强身体的平衡和稳定，帮助恢复身体的活力和能量，让人保持身体轻盈、精神活跃。

（二）拜日十二式

1. 祈祷式

身体呈山式站立，双手合十，轻触膻中穴，大臂与地面平行，调整呼吸三次，如图 3-3 所示。

图 3-2　山式站立

图 3-3　祈祷式

2. 后屈式

吸气，双手经鼻尖、眉心至头顶上方，双手向前，掌心相对向上举至头顶上方，呼气，提胸腔，向前推出髋部，保持顺畅呼吸，手臂继续向后延展，如图 3-4 所示。

3. 前屈式

吸气，身体还原，保持双手的位置，呼气，以髋部为折点向前向下，重心向前移至前脚掌，保持脊柱向前延伸，双手可放于膝盖处，也可落于双脚外侧，腹部尽量贴向大腿，如图 3-5 所示。

图 3-4　后屈式

图 3-5　前屈式

4. 骑马式

呼气，弯曲双腿，双手扶地，重心移至左脚，右脚向正后方退一大步，膝盖脚背依次落地，立直后背，吸气，双手掌心相对经体前至头顶上方，如图3-6所示。

5. 斜板式

呼气，双手落于地面，放于身体两侧与地面垂直，将左脚向后一大步与右脚并拢，吸气，收紧身体的核心力量，头部与脊柱保持在一条线上，如图3-7所示。

图 3-6　骑马式

图 3-7　斜板式

6. 八体投地式

呼气，将双膝贴于地面，同时弯曲手肘夹紧躯干，胸腔下巴贴向地面，如图3-8所示。

7. 眼镜蛇式

吸气，用后背的力量向上提胸腔，双手垂直放于身体两侧，身体向后弯曲，收紧臀部和大腿肌肉，如图3-9所示。

图 3-8　八体投地式

图 3-9　眼镜蛇式

8. 下犬式

吸气，回勾双脚掌，将膝盖离开地面，同时用双手的力量将臀部高高向上抬起，脚跟踩实地面，手掌向前推地，与姿势5相同，如图3-7所示。

9. 骑马式

呼气，左脚向正前方迈一大步，落于双手中间，右腿膝盖脚背依次落地，立直后背，吸气，双手掌心相对经体前至头顶上方，与姿势4相同，如图3-6所示。

10. 前屈式

吸气,将左脚向前一大步与右脚并齐,双手放于小腿或者脚踝处,同时臀部向上,立直膝盖,重心移至双脚前脚掌,腹部尽量向大腿靠拢。与姿势3相同,如图3-5所示。

11. 后屈式

吸气,掌心向里,向前方伸直手臂,同时带动身体向前向上举至头顶上方,呼气,提胸腔,向前推出髋部,保持顺畅呼吸,手臂继续向后延展。与姿势2相同,如图3-4所示。

12. 祈祷式

吸气,手臂还原至头顶上方,大臂夹耳,呼气,双手合十于胸前。与姿势1相同,如图3-3所示。

拜日十二式可当做热身练习,能促进全身血液循环,使头部供血、供氧充足,可以快速振奋精神,舒展肢体,保养脊柱,提高脊柱的柔韧性,重复练习能提高身体的柔韧性,达到美化身体线条、缓解精神压力等功效。

二、基础体式

(一) 手向上山式

姿势如图3-10所示。

1. 功法

(1) 山式站立。

(2) 吸气,手臂经体前举至头顶上方,大臂双耳一条线,掌心相对。

(3) 延展脊柱向上,保持均匀呼吸。

(4) 呼气,手臂还原至体侧,回到山式。

2. 功效

强壮腹部、骨盆、躯干以及背部,缓解关节炎,减轻坐骨神经痛,矫正扁平足。

(二) 树式

姿势如图3-11所示。

图3-10 手向上山式

图3-11 树式

1. 功法

(1) 以山式站立。

(2) 屈右膝,将右脚脚跟放于大腿根部,指尖朝下。

(3) 左腿保持平衡,膝盖收紧上提,腿部有力且平稳,吸气,双手臂沿体侧举至头顶上方,手臂相互平衡,掌心相对。

(4) 保持体式,呼吸,保持髋部面向正前方。

(5) 呼气,还原手臂于体侧,回到山式站立。

(6) 反方向练习。

2. 功效

这个体式可以增强腿部肌肉力量与平衡感,培养专注力。

(三) 三角式

姿势如图 3-12 所示。

1. 功法

(1) 以山式站立开始。

(2) 吸气,曲臂于体前,呼气,跳开双腿,两脚的距离约一腿长。脚趾朝前,脚外缘相互平行,双臂侧平举与肩并齐,掌心朝下,手臂与地面保持平行。

(3) 右脚向右转 90°,左脚稍转向右,右脚脚跟对准左脚足弓,形成一条线。左脚从内侧保持伸展,膝盖上提。

(4) 呼气,向右侧弯曲身体躯干,右手抓住右脚踝,身体与腿保持在一个平面上。

(5) 吸气,向上伸展左臂,掌心朝外,与右肩在同一直线上,延展脊柱,眼睛看向伸展的左手,提右膝盖,右膝正对脚趾,保持右膝伸展。

(6) 保持此体式,呼吸 2 到 3 次,吸气,右手带动身体还原,跳回到第二步。

(7) 反方向练习。

2. 功效

这个体式能够增强腿部肌肉,去除腿部和臀部的僵硬,矫正腿部畸形,使腿部更加匀称,同时还能缓解背部疼痛以及颈部扭伤,强健胸部。

(四) 侧角伸展式

姿势如图 3-13 所示。

图 3-12　三角式

图 3-13　侧角伸展式

1．功法

（1）以山式站立开始。

（2）吸气，曲臂于体前，呼气，跳开双腿，两脚的距离约一腿长。脚趾朝前，脚外缘相互平行，双臂侧平举与肩并齐，掌心朝下，手臂与地面保持平行。

（3）右脚向右转90°，左脚稍转向右，右脚脚跟对准左脚足弓，形成一条线。左脚从内侧保持伸展，膝盖上提。

（4）呼气，弯曲右膝至右大腿与体面平行，小腿与地面垂直。

（5）吸气，延展脊柱和侧腰，呼气，右手掌贴近右脚外侧的地面，将左手由体侧向右耳方向延伸，保持头部在脊柱的延长线上。

（6）腰和左腿在一条延长线上，胸部向上向后伸展。

（7）保持此体式，均匀呼吸，吸气，左手带动身体还原伸直右腿，反方向练习。

（8）双脚还原正前方，双脚跳回还原山式。

2．功效

此体式能够增强脚踝、膝盖和大腿的血液循环，矫正大腿、小腿的缺陷，强健胸部，减少腰部和臀部的脂肪，还能缓解坐骨神经痛以及关节的疼痛，也能增强消化系统的功能。

（五）战斗一式

姿势如图3-14所示。

1．功法

（1）以山式站立开始。

（2）吸气，曲臂于体前，呼气，跳开双腿，两脚的距离约一腿长。脚趾朝前，脚外缘相互平行，双臂侧平举与肩并齐，掌心朝下，手臂与地面保持平行。

（3）呼气，右脚向右侧转90°，左脚转向右膝，曲右膝与地面垂直，右脚后跟对向左脚足弓处，伸直左腿，延展膝盖窝。

（4）身体面向正右方，吸气，双手从体侧举至头顶上方，保持均匀呼吸。

（5）呼气，转动身体，使双脚指向正前方，双手侧平举，跳回，练习反方向。

2．功效

胸腔的扩展能让更多的氧气进入体内，滋养腹部脏器，缓解颈、肩膀和背部的僵硬，缓解腰痛和坐骨神经痛，强健背部和腹部的肌肉，同时还能减少臀部的脂肪。

（六）加强侧角伸展式

姿势如图3-15所示。

1．功法

（1）以山式站立开始。

（2）吸气，曲臂于体前，呼气，跳开双腿，两脚的距离约一腿长。脚趾朝前，脚外缘相互平行，双臂侧平举与肩并齐，掌心朝下，手臂与地面保持平行。

（3）呼气，右脚向右侧转90°，左脚转向右膝，身体和髋部同时转向右侧。

（4）双手扶髋，肩胛内收下沉，手肘向后，吸气，脊柱向前延展，头部向后，拉长颈部。

（5）呼气，以髋部为折点向前向下与地面平行，手指尖点地，拉伸脊柱。

（6）保持此体式2到3个呼吸，伸展双腿膝盖窝，左脚脚跟与地面相触。

图3-14 战斗一式

图3-15 加强侧角伸展式

(7)吸气,还原身体转向正前方,身体转向反侧练习。

2. 功效

此体式能够缓解腿部和臀部肌肉的紧张和僵硬,使髋部和脊柱更富有弹性,此体式还能矫正肩部下垂。

(七)双角式

姿势如图3-16所示。

1. 功法

(1)以山式站立开始。

(2)吸气,曲臂于体前,呼气,跳开双腿,两脚的距离约一腿长。脚趾朝前,脚外缘相互平行,双臂侧平举与肩并齐,掌心朝下,手臂与地面保持平行。

(3)吸气,双手扶髋,膝盖上提,呼气,脊柱延展向前向下,手掌贴地与地面保持垂直,臀部在脚的正后方。

(4)吸气,头部与脊柱保持在同一水平线上,双手扶髋,头部牵引身体还原。

2. 功效

此体式能使腿部的肌肉得到充分拉伸,血液流向躯干和头部,能快速振奋精神,滋养面部,增强消化系统的功能。

图3-16 双角式

图3-17 站姿背部前屈伸展式

（八）站姿背部前屈伸展式

姿势如图3-17所示。

1. 功法

（1）双腿打开，与肩同宽，脚趾朝前，双臂抱肘放于头部正后方。

（2）呼气时以髋部为折点向前向下，保持脊柱延展。

（3）吸气时向前向上还原，解开双手还原体侧。

2. 功效

增强脑部供血，安抚大脑细胞和交感神经系统，调节血压，缓解头痛，强健腹部器官，增强髋关节的灵活性，强健膝关节。

（九）幻椅式

姿势如图3-18所示。

1. 功法

（1）山式站立，吸气，手臂由体前举至头顶上方，呼气，尾骨向下，收紧腿部肌肉，膝盖弯曲，尽量将大腿与地面平行，小腿与地面垂直，重心移至脚跟方向。

（2）脊柱延展，体胸腔向上。

（3）吸气，还原，回到山式。

2. 功效

此体式能缓解肩部僵硬，矫正不良腿型，使腿部肌肉均匀。

图3-18　幻椅式

图3-19　下犬式英雄体前屈式

（十）下犬式英雄体前屈式

姿势如图3-19所示。

1. 功法

（1）俯卧于地面，额头点地，双脚分开与肩同宽，双手放于胸部两侧，吸气，勾脚趾，双腿膝盖伸直，伸展膝盖窝。

（2）呼气，用手臂撑地将身体抬起，臀部向上抬高，形成倒三角。

（3）手臂向前推地，双腿向后，最大限度延展脊柱。

（4）胸腔扩展，肩胛内收下沉，手指关节推地，保持均匀呼吸。

2. 功效

此体式可缓解脚跟的僵硬和疼痛,帮助软化脚跟骨刺,使腿部更均匀,缓解肩胛骨僵硬,能快速振奋精神。

(十一)英雄式

姿势如图3-20所示。

1. 功法

(1)跪立,双膝并拢朝向正前方,小腿放于大腿外侧,脚趾朝向正后方。

(2)向后拨动小腿肌肉,臀部落于地面。

(3)吸气,立直脊柱,提胸腔向上,牵引头顶百会穴向上。

(4)呼气,伸直手臂向前,放于膝盖处。

2. 功效

此体式可以缓解膝关节风湿和痛风的疼痛,改善脚部的血液循环,减轻背痛。

图3-20 英雄式

图3-21 手臂延展十指交扣英雄式

(十二)手臂延展十指交扣英雄式

姿势如图3-21所示。

1. 功法

(1)保持英雄式,吸气,双手由体侧举至头顶上方,十指交扣,翻转掌心,向上伸直手臂。

(2)延展脊柱向上,掌心向天空的方向伸展。

(3)呼气,双手经体侧还原,交换十指交扣的位置,重复练习。

2. 功效

此体式可减少肩膀、颈部、髋关节、膝盖及腹股沟的僵硬,减轻背部疼痛,矫正椎间盘突出,改善脚部的血液循环。

(十三)英雄坐牛面式

姿势如图3-22所示。

1. 功法

(1)保持英雄式,吸气,双手侧平举,呼气,弯曲左肘于体后,掌心向外,放于肩胛之间。

(2) 吸气,右臂向上举至头顶上方,呼气,弯曲肘部与左手于体后交扣。

(3) 保持均匀呼吸,重复反方向练习。

2．功效

此体式能增加腿部肌肉的耐力。

（十四）眼镜蛇式

姿势如图 3-23 所示。

图 3-22　英雄坐牛面式

图 3-23　眼镜蛇式

1．功法

(1) 俯卧于地面,伸直并拢双腿,前额点地。

(2) 双手放于胸部两侧,大腿贴向地面,膝盖上提,吸气,手掌推地,用腹部的核心力量提胸腔,头后仰。

(3) 保持呼吸顺畅,呼气,弯曲双肘,俯卧于地面。

2．功效

此体式有利于对脊柱的保养,对椎间盘突出有较好的治疗作用,强壮脊柱。

（十五）蝗虫式

姿势如图 3-24 所示。

1．功法

(1) 俯卧于地面,伸直并拢双腿,前额点地。

(2) 呼气,将头、胸、双腿同时抬离地面,身体向两端延伸。

(3) 双腿并拢,向远延伸,保持呼吸顺畅。

2．功效

此体式可以帮助消化,缓解肠胃胀气、腰部疼痛,增强脊柱弹性。

（十六）手杖式双腿英雄背部伸展式

姿势如图 3-25 所示。

1．功法

(1) 坐于地面,双腿并拢,提膝盖向上,重心落于坐骨。

(2) 回勾脚掌,立直后背,双手放于臀部外侧,掌心贴地,双大腿向下与地面形成对抗力量,立直脊柱。

图 3-24 蝗虫式

图 3-25 手杖式双腿英雄背部伸展式

(3) 保持后背在同一平面上,均匀呼吸。

2. 功效

此体式能缓解腿部酸痛及关节疼痛。

(十七) 单腿头触膝前屈式

姿势如图 3-26 所示。

1. 功法

(1) 坐于地面,弯曲左膝放于臀部外侧,回勾右脚,保持髋部面向正前方。

(2) 吸气,双手由体侧举至头顶上方,掌心相对,呼气,向前延展躯干,双手在右脚足弓处连接。

(3) 吸气,延展脊柱,将腹部贴向大腿的方向。

(4) 呼气,抬头还原身体的位置,进行反向练习。

2. 功效

此体式可增强腿部的柔韧性,刺激肠道蠕动,能改善便秘及胀气。

图 3-26 单腿头触膝前屈式

图 3-27 双腿头触膝前屈式

(十八) 双腿头触膝前屈式

姿势如图 3-27 所示。

1. 功法

(1) 坐于地面,伸直双腿,回勾双脚,保持髋部面向正前方。

(2)吸气,双手由体侧举至头顶上方,掌心相对,呼气,向前延展躯干,双手在两脚足弓处连接。

(3)吸气,延展脊柱,将腹部贴向大腿的方向。

(4)呼气,抬头还原身体的位置。

2. 功效

此体式可缓解腿部僵硬,强健腿部肌肉。

(十九)肩桥式

姿势如图3-28所示。

1. 功法

(1)仰卧于地面,并拢双脚,双手掌心向下放于体侧,背部下压贴实地面。

(2)弯曲双膝,将双脚靠向臀部的方向,保持与髋外沿平行。

(3)吸气,臀部向上抬起,双手于臀部后方十指交扣,保持均匀呼吸。

(4)呼气,依次将臀部、背部落于地面,解开双手,伸直腿部还原身体。

2. 功效

此体式可改善圆肩驼背和不良体态,强健后腰背部的力量,滋养脊柱神经,使脊柱充满弹性,促进大脑血液循环,让思维清晰敏锐,强健髋部、双腿。

图3-28 肩桥式

图3-29 简易坐前屈式

(二十)简易坐前屈式

姿势如图3-29所示。

1. 功法

(1)坐于地面,交叉双腿,腹股沟放松下沉,吸气,脊柱延展。

(2)呼气,双手向前推地,将脊柱缓慢向前延展,前额触地,放松后背和颈部。

(3)交换腿交叉的方向,进行反侧练习。

2. 功效

此体式可减轻慢性头痛和偏头痛,缓解眼部疲劳,有助于血压恢复正常。

(二十一)挺尸式

姿势如图3-30所示。

图 3-30 挺尸式

1. 功法

（1）仰卧于地面，双手放于身体两侧，双脚自然向两侧放松，保持均匀呼吸。

（2）弯曲双膝，双手抓住膝盖方向，将坐骨贴向地面后还原。

（3）双手抱臂，使肩胛贴向地面后还原。

（4）放松整个身体，闭上眼睛，放松面部，将注意力集中到呼吸上。

（5）起身时，身体转向右侧卧，缓慢起身，此体式保持 5 到 7 分钟，整个过程应平静而缓慢。

2. 功效

此体式可以消除疲劳、镇静大脑，将身心融为一体，体验内在的宁静。

任务三　瑜 伽 训 练

一、瑜伽训练基本系列

（一）站立系列

站立系列有十个基本动作，如图 3-31 所示。

动作一：山式。

动作二：手臂上举山式。

动作三：树式。

动作四：三角式。

动作五：战斗二式。

动作六：侧角伸展式。

动作七：战斗一式。

动作八：加强侧角伸展式。

动作九：双角式。

动作十：月亮式放松，也为下犬式英雄前屈式。

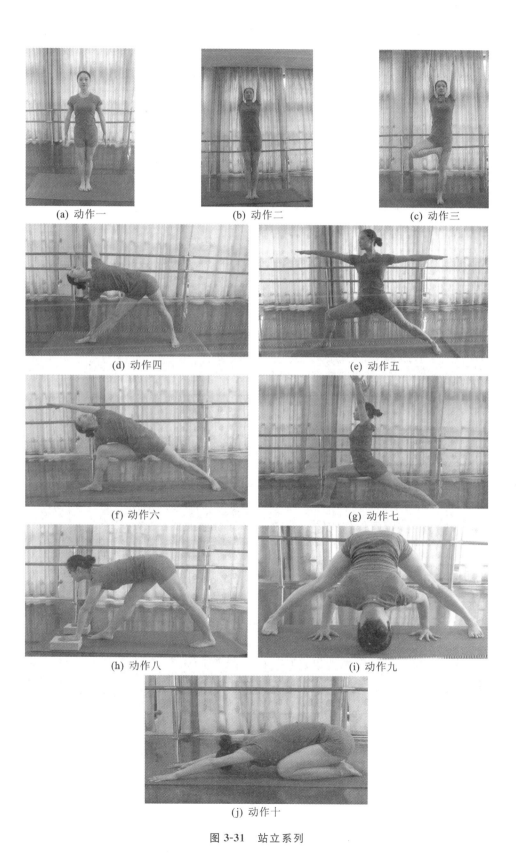

图 3-31 站立系列

（二）跪姿系列

跪姿系列有六个基本动作，如图 3-32 所示。

动作一：四角跪姿式。

动作二：猫式。

动作三：牛式。

动作四：交叉平衡式。

动作五：下犬式。

动作六：月亮式放松。

(a) 动作一　　(b) 动作二

(c) 动作三　　(d) 动作四

(e) 动作五　　(f) 动作六

图 3-32　跪姿系列

（三）俯卧系列

俯卧系列有五个基本动作，如图 3-33 所示。

动作一：蝗虫式。

动作二：眼镜蛇式。

动作三:弓式。
动作四:骆驼式。
动作五:英雄式。

图 3-33 俯卧系列

(四) 仰卧系列

仰卧系列有四个基本动作,如图 3-34 所示。

动作一:船式。
动作二:桌式。
动作三:前支架式。
动作四:手杖式。

(五) 坐立系列

坐立系列有三个基本动作,如图 3-35 所示。

动作一:背部前屈伸展式。

图 3-34 仰卧系列

动作二：体侧屈伸展式。
动作三：巴拉瓦加扭转式。

图 3-35 坐立系列

二、双人瑜伽

双人瑜伽有如下十个动作,如图 3-36 所示。

动作一:心手相连。

图 3-36 双人瑜伽

动作二：简易扭转。
动作三：背部伸展。
动作四：战斗一式。
动作五：金字塔式。
动作六：三角扭转式。
动作七：双树之舞。
动作八：手倒立式。
动作九：同船共渡式。
动作十：结束致敬。

三、艾扬格瑜伽

动作一：山式。
动作二：三角伸展式。
动作三：战斗二式。
动作四：侧角伸展式。
动作五：加强侧伸展式。
动作六：下犬式——加强前屈背部伸展式——战斗一式——手杖式——英雄式——束角式——单腿背部伸展式——半英雄式单腿背部伸展式——双腿背部伸展式——骆驼式——卧英雄式——挺尸式。

知识链接

舞韵瑜伽

舞韵瑜伽是将更多的瑜伽体式和舞蹈元素进行融合，同时配合专业音乐疗法，将功能与技能相结合后编创而成的。在舞韵瑜伽的练习过程中，可以使人们深切地感受到生命的鲜活与灵动，能在保证健康的基础上，提升气质，塑造形体，陶冶情操。

项目小结

瑜伽能够改善人们生理、心理、情感和精神方面的能力，使身体和心灵达到和谐统一，还有矫正和保持身形的效果。在练习的过程中有时候需要借助工具完成相应的动作练习，给人以安全感，更适合入门学习者和身体僵硬的人练习。

> 案例分析

孙俪练瑜伽12年身材好　各种高难度瑜伽动作令人咋舌

图 3-37　孙俪与闺蜜练习瑜伽

8月18日,孙俪在微博晒出了自己与闺蜜一同练习瑜伽的照片(见图3-37)。照片中两人单手撑地前屈腿,还要同时仰头望天,动作难度之高尽显高柔韧度。孙俪表示,以前两个人可以运动一整天,而现在没有体力也没有时间,只是每周练习两次瑜伽。

微博原文:

算了算,跟着我的闺蜜练习瑜伽已经有12年的时间了,我们两个在一起的时间,除了运动还是运动。从前我们可以打网球、练瑜伽,还可以走路,这就是我们一天的安排。现在不行了,没有那个体力,也没有那个时间了。但现在每星期两堂瑜伽课还是雷打不动。她热爱她的瑜伽,她最大的心愿就是做个优秀的瑜伽老师。这个星期六,她的第一堂直播瑜伽课就要开始了,必须支持。(图片来源于孙俪微博)

案例分析:一方面是因为练瑜伽可以修身养性,有助于身体健康;另一方面是因为可以提高身体的柔韧性,对明星拍戏、跳舞、表演是有益处的。具体表现在以下几个方面。

(1) 改善视力与听力。正常的视力与听力主要是靠眼睛与耳朵得到良好的血液循环与神经传送。供应眼睛与耳朵的神经与血管必须通过颈部。年岁增长时,颈部正如脊柱其他部分一样失去弹性,神经与血管经过颈部时就有可能遇到不畅通的状况。如此便妨碍神经与血液对眼睛与耳朵的供应,因而影响它们的运作。瑜伽体位与瑜伽颈部运动能改善颈部状况,进而加强视力与听力。

(2) 缓解压力。坚持进行瑜伽练习能使人的身、心都会更加趋于平静。这样能够促进身体免疫系统功能的加强,也更能帮助身体排出因为压力产生在身体内的毒素。这样就能很好地帮助练习者释放压力了。

（3）增强疾病抵抗力。瑜伽锻炼能强健体格,免疫能力也能随之增强。

（4）消除紧张、疲劳。瑜伽练习的过程中需要练习者能够摒弃一切杂念,放松全身心,并且通过不少伸展全身的动作,有效帮助练习者消除一天的紧张、疲劳感。

下篇

Xingti Liyi Xunlian

项目四 妆容形象礼仪训练

知识目标：了解和熟悉化妆的基本步骤和方法，掌握矫正化妆的技巧，掌握面部与五官的修饰方法。

能力目标：通过系统的理论知识学习和技能训练，能根据不同的面部和五官特征进行妆容修饰。

素质目标：掌握面部和五官的不同修饰方法，并能根据不同的面部和五官特征有所创新，从而培养创新能力。

通过学习化妆的基本步骤与方法，矫正化妆的技巧和面部与五官的修饰方法，再辅以相应的技能训练，让学生能根据不同的面部和五官特征选择相应的化妆方法，从而进行恰当的妆容修饰。

> **案例导入**
>
> 小米和小莉是一所美容学校的学生,初学化妆时非常感兴趣,走在大街上,总爱观察别人的妆容,因此发现了一道道奇特的风景线。一位中年妇女光涂了一个嘴唇,没有化其他的部位,而且是那种很红很艳的唇膏,只突出了一张嘴。一位女士的妆容看起来很漂亮,只可惜脸上修饰的很好,脖子却马虎了,在脸庞的轮廓上有明显的分界线,像戴了面具一样。再看,还有的女士用粗的黑色眼线将眼睛轮廓包围起来,像个"大括号",看上去那么生硬、不自然。一位很漂亮的女士,身穿蓝色调的时装,却画着橘红色的唇膏……
>
> 讨论题:
> 请帮助小米和小莉分析一下,针对以上几种情形,自己化妆时应注意哪些问题?

妆容修饰是指运用化妆品和工具,采取合乎规则的步骤和技巧,对人的面部、五官及其他部位进行渲染、描画、整理,增强立体印象,调整形色,掩饰缺陷,表现神采,从而达到美化的目的。妆容修饰能表现出女性独有的天然丽质,焕发风韵,增添魅力。成功的妆容修饰能唤起女性心理和生理上的潜在活力,增强自信心,使人精神焕发,还有助于消除疲劳,延缓衰老。

任务一 化妆的基本步骤与方法

一、基底化妆

面色的修饰主要通过涂粉底来完成。人的面部皮肤由于遗传、健康和环境等因素的影响,或多或少都会出现一些问题,如面色灰暗、偏黄、有瑕疵或局部皮肤发暗或过红。通过使用粉底,可以遮盖瑕疵,调和肤色,改善面部质地,使面部显得健康、光洁和细腻。俗话说,"一白遮百丑",可见面色对于容貌的美化是很重要的。要想涂好粉底,应注意以下几个方面。

(一)粉底颜色的选择

粉底除了需要质地细腻、性质温和之外,最重要的是对颜色的选择,选择粉底颜色的基本原则是,与肤色相近。过白的粉底会给人"假"的感觉,像戴着一个面具,无法产生美感。粉底颜色过深,会使皮肤显得太暗,也不会产生好的效果。只有使用与肤色相近颜色的粉底,才能在美化肤色的同时又尽显自然本色,因为这种颜色的粉底可与皮肤结合得自然真实。

除根据肤色选择粉底外,还要根据妆型的需要来选择粉底。在自然光下应选择比肤色稍深一些的粉底,这样会显得自然,不易流露化妆的痕迹。浓妆在选择粉底色时随意性较强,因为浓妆所展示的场景允许适度夸张,可根据化妆造型设计的特殊需要进行选择。

例如,新娘妆原本是浓妆,但为了表现新娘的喜悦与娇羞,新娘妆常选择淡粉色粉底。

以上所述为基色粉底的选择,所谓基色是指通过涂抹粉底所形成的一种基本面色。在基色的基础上,还常涂抹亮色和影色,亮色是比基色浅的粉底色,影色是比基色深的粉底色。通过使用亮色和影色,可以突出面部的立体结构和修饰不理想的脸型。

(二)遮瑕

遮瑕是面色修饰的一项重要内容,它与粉底组成一个有机的整体,共同肩负起对面部皮肤的美化和修饰作用。遮瑕是用遮瑕膏遮盖那些粉底盖不住的瑕疵,在涂粉底前使用。常用的遮瑕膏有肉色、淡绿色、淡紫色和淡黄色。肉色遮瑕膏很像粉底,只是其遮盖力强于粉底,但美中不足的是用后皮肤易失去透明感,所以只适合极小面积使用,淡绿色遮瑕膏对发红的皮肤有抑制和遮盖作用,淡紫色遮瑕膏对偏黄皮肤有一定的抑制和遮盖作用。淡紫色和淡绿色遮瑕膏还可以对面部作整体或局部的修饰,但不足之处是局部使用时易留下白色痕迹,整体使用时粉底色显得不服帖,淡黄色遮瑕膏是目前最受喜爱的遮瑕用品,对于各种瑕疵的遮盖效果都很好,而且不影响皮肤的透明感,也不会留下白印,淡妆和浓妆都适合使用。涂遮瑕膏时,用化妆海绵蘸取少量,轻轻擦按在皮肤上。遮瑕膏的用量一定要少,否则会形成白印,影响化妆效果。涂抹遮瑕膏时动作要尽量轻,使遮瑕膏薄而均匀地覆盖在皮肤上。面部遮瑕的顺序为眼周—鼻窝—嘴角—面部有斑点的部位。

(三)基础粉底

1. 基础粉底的选择

基础粉底是表现自然肤色的粉底,要根据化妆对象选择接近其肤色的粉底,或比肤色暗一号的粉底。

2. 粉底的涂抹方法

用蘸有粉底的化妆海绵在额头、眼周、鼻、面颊和下巴等部位依次涂抹,涂抹时由内向外拉抹并可稍加按压,使粉底服帖。

涂粉底时按顺序一个部位一个部位地进行,不可反复涂抹。粉底涂抹要均匀,薄厚适中,使面部颜色统一。粉底在面部的覆盖要全面,一些细小、易疏忽的部位,如上下眼睑、鼻窝和耳部等均匀覆盖粉底。另外,为了化妆的整体效果,在颈部、前胸及其他裸露部位都应涂抹粉底。

3. 涂粉底的手法

1)点法

涂擦时先把粉底按顺序均匀点于面部。

2)擦法

点完后用底扑或指腹由上往下、由内向外轻擦,如图4-1(a)所示。

3)压法

为使粉底和皮肤的亲和力强,着色效果好,用压法可使皮肤更自然、持久,避免"浮"的感觉,如图4-1(b)所示。

4)推法

特殊部位如鼻沟用推法较好。

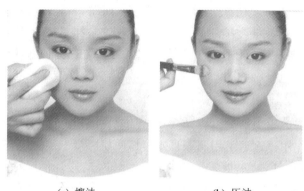

(a) 擦法　　　　　　　　(b) 压法

图 4-1　涂粉底的手法

4. 几种粉底的基本操作程序

1) 自然色粉底

选用和肤色相近的粉底,按顺序自然涂擦。这种粉底的涂敷适合淡妆类,在于加强皮肤的质感美。

2) 立体粉底涂敷法

(1) 淡妆类。

用深一号和浅一号的粉底各一份,先用浅一号的粉底由上往下、由内到外在面部的中央涂擦,再用深一号的粉底自外向内擦,这样擦涂粉底可使脸型稍微收敛。

(2) 浓妆类。

用接近肤色的粉底在整个面部均匀涂擦,用高光色在额、鼻梁、眉骨、颧骨、下颌骨、下额等骨骼突出及需要突出的部位,用阴影色涂在外侧及需要收缩的部位,这样可以强调五官的立体,利用粉底的明暗关系调整脸型,适合浓妆类化妆。

5. 粉底的作用

(1) 改善肤色和皮肤的质感。

(2) 遮盖瑕疵,使皮肤光泽细腻。

6. 涂粉底的要求

(1) 粉底色与肤色要协调。

(2) 粉底质感与皮肤性质、季节、妆型特点协调。

(3) 深浅粉底搭配,连接自然,不能有明显的痕迹。

(4) 涂敷均匀,薄厚适当,有整体效果。与面部相连接的裸露部分如颈、胸、肩、背、手臂都应涂敷。

7. 涂粉底的方法

(1) 用潮湿的海绵蘸粉底,用拍擦的方法均匀涂敷于皮肤上,涂时由上往下、由内向外,不要来回涂抹。

(2) 需要涂厚些时用按的方法涂第二遍,加强粉底与皮肤的亲和性。

8. 特殊皮肤的粉底涂抹

(1) 皮肤敏感者,应用指腹涂抹粉底,避免海绵对皮肤的刺激。

(2) 毛孔粗大、皮肤粗糙者,先用浅色粉底涂抹一遍,再用与肤色接近的粉底涂抹。

(3) 皮肤发红者,先用浅绿色或浅蓝色粉底涂抹发红的部位,再用接近肤色的粉底涂抹。

(4) 色斑皮肤,先用遮瑕膏涂在色斑部位,再涂接近肤色的粉底。

(5) 枯黄的皮肤应用粉红粉底,使皮肤显得红润。

(6) 较黑的皮肤要选择浅咖啡色或深土色粉底,均匀选择浅色粉底,防止肤色与粉底反差太大,显得不自然。

(四) 立体打底

立体打底就是用素描的明暗关系,利用深浅不一的粉底,在脸上各个部位进行弥补与雕刻,以达到完美协调,富有立体感。

1. 提亮色

为了加强化妆对象面部结构的立体感,用在需要突出部位的底色称为提亮色。提亮的位置通常在脸的正面,亦即额头、鼻梁、眼睛下方、下颌和一些较为凹陷的部位,如消瘦的两颊等。

提亮的面积要视化妆对象的特点而定,白花花地涂一片不仅起不到提亮的作用,还会破坏整个妆面。

提亮的颜色一般比基础色浅,提亮的颜色是相对的,如果基础底色较深,则提亮色亦相对深一些。提亮色边缘必须小心地与基础色融合,不要出现明显的分界线,可以用海绵的斜角、手指或化妆刷来涂抹提亮色,千万不能在下眼部形成粉白感。

2. 阴影色

用在面部需要缩小和凹陷的部位,以增加面部立体感的底色称为阴影色。阴影色用色要比基础色深,视妆型需要和化妆对象面型选择使用,阴影色的面积要视化妆对象脸型的大小而定,太小起不到收缩脸型的效果,太大又容易失真。阴影色的边缘必须与基础色小心地融合,不可有明显的边界线。

3. 打底的程序

1) 基本底

选用与肤色相同或接近的颜色,均匀地涂在脸上。作用是调整肤色,改善皮肤的质感,遮盖面部的瑕疵,使皮肤显得光洁细腻。

2) 暗影色

涂在脸部需要缩小或凹下去的部位,亚洲人一般涂在腮部、颧骨、面颊等部位。颜色比基本底略深,作用是收缩外轮廓。

3) 高光色

涂在希望突出或隆起的部位,如"T"字部、额头、下眼睑提亮区等部位,颜色比基本底浅,作用是突出内轮廓。"T"字部范围包括眉骨和鼻梁上,成英文字母"T"字。下眼睑提亮区包括内眼角至鼻翼,鼻翼至外眼角,呈三角形。

4. 各种脸型的修饰方法

1) 长脸型

特征:面颊消瘦,面部肌肉不够丰满,额部与腮部轮廓方硬,三庭过长,大于3/4的面部比例,这种脸型使人显得缺少生气,并有忧郁感。

修饰:阴影的重点在额角和下颌角。

上庭长的:发迹线边缘打暗影,并用刘海修饰。

中庭长的:在鼻根部位提亮,鼻尖处打阴影,收短中庭的长度。

下庭长的:提亮打在下颏尖的上面,提升下颏的位置,阴影打在下颏尖上,缩短下颏的长度。

2)方脸型

特征:脸的长度与宽度相近,两个上额角与下颌角较宽,角度转折明显,面部呈方形,这种脸型使女子缺少女性的柔美感。

修饰:暗影打在额角和下颌角,外眼角提亮下方至下颌处,收缩脸的宽度。提亮"T"字部提到鼻尖,增加中庭的长度,下眼睑提亮区略窄,收缩脸的宽度,下颏尖提亮,增加脸的长度。

3)圆脸型

特征:额骨、颧骨、下颏、下颌骨转折缓慢呈弧面形,面部肌肉丰满,脂肪层较厚,脸的长宽比例相近。

修饰:暗影涂在额的两侧和面颊部位,收敛脸型的宽度。提亮"T"字部提到鼻尖,增加中庭的长度,下眼睑提亮区略窄,收敛脸的宽度,下颏尖提亮,增加脸的长度。

4)由字脸

特征:上额的两侧过窄,下颌骨宽大,角度转折明显,下颏与下颌骨平行,使脸的上半部宽而平。

修饰:暗影涂在下颌骨突出的部位,使其宽度收缩。提亮两边太阳穴,使额角展宽,下颏尖提亮,使下颏突出。

5)申字脸

特征:额骨两侧过窄,颧骨较宽且突出,下颌骨凹陷,下颏尖而长。

修饰:暗影涂在颧骨部位,收缩其宽度,下颏尖涂暗影收敛其长度,提亮两侧的太阳穴,下颌骨提亮,使其突出,"T"字部、下眼睑提亮。

(五)定妆粉

定妆粉又称为散粉,用于固定粉底,使妆面自然持久。

1. 定妆粉的作用

1)固定粉底

综合粉底中的油分和水分,使妆面更牢固持久。

2)冲淡过重的色彩

当腮红或眼影涂抹得过重时,可以用定妆粉柔和过重的色彩,使之减淡。

3)最好的吸油工具

可以柔和粉底或皮肤分泌出的油脂,以减少皮肤的油光感。

2. 定妆粉的分类

1)根据质量分类

重质:颗粒较粗,适合毛孔粗大的皮肤。

轻质:颗粒较细,适合毛孔小、细腻的皮肤。

2) 根据颜色分类

象牙白:适合肤色或底色较白的。

紫色:适合肤色或底色偏黄的。

绿色:适合肤色或底色偏红的。

橘色:适合在暖色光源之下或晚妆使用,使皮肤显得自然红润。

粉色:可以增加皮肤的质嫩感,显得面色红润,适用于新娘妆、青年妆等。

无色散粉:特点是用后不改变底色,容易和粉底融为一体,主要用于定妆。

珠光散粉:珠光散粉分有色和无色,适用于皮肤凹凸不平或者脸鼓的人。珠光散粉可以体现皮肤的质感,使皮肤有光泽。

3. 定妆粉的使用方法

(1) 用一个或两个粉扑蘸上散粉后,相对揉搓,使散粉在粉扑中均匀地揉开。

(2) 把粉扑按或压于面部,嘴和眼睛周围散粉略少,暗影处可略多。

(3) 最后用一个大号粉刷把多余的散粉刷掉。

(六)双色修容饼

双色修容饼是在定妆之后使用的,散粉有冲淡色彩的作用,扑完粉后,原来的立体层次柔和了,为了进一步强调脸型,在原来提过高光和打过暗影的地方,作进一步的修饰。

如果立体层次已经达到了要求,就不需要再用修容饼来修饰了,这只是一种补救的方法。

知识链接

化妆中色彩的搭配

色彩的搭配不仅关乎妆容,也要和人的肤色、性格及服装的整体色彩互相搭配,达到协调统一的效果。从化妆角度来讲,肤色、性格是化妆色彩搭配的重要因素。

肤色是决定我们化妆的重要部分,然而皮肤的颜色是由褐、黄、红三种颜色组成,东方人的皮肤是由褐色的多少而决定的,而深色皮肤的顾客应该选择偏红或橙色系的色彩来调和褐色的重量,但不能选择太浅的颜色,那样会使肤色更深。偏黄色的肤质可选择偏紫色系,因为冷色系会让偏黄的肤色看起来更加柔和。肤色偏白的顾客在选择色彩的空间都比其他的大,可选择较深的色彩来突出强烈的对比,也可选择浅色来表现柔和的效果。

人的性格也会影响到整个色彩的搭配,如果开朗的个性就适合比较鲜明的色彩,但要注意色度深浅的控制;个性比较沉闷内向的就比较适合柔和的色彩,让整体感觉不再显得那么冷酷;个性比较稳重成熟的就比较适合沉稳但柔和的色彩,这样可以使整个妆容看起来更加简约大方。

关于色彩的冷暖,暖色艳丽、醒目,具有扩张感,冷色神秘、冷静,具有收缩感。冷色系妆容利用暖色点缀,则更能衬托妆容的冷艳,同样,暖色在冷色的衬托下则会显得更加温暖。所以在化妆用色时要注意冷暖色的对比搭配要协调。

其实,所谓的色彩搭配就是根据妆容整体需求,合理地处理色与色之间的关系,这其中既包含了处理强烈的关系,也包含处理微弱的关系,色差关系大的,因为信息明确,相对会好处理些,色差关系小的,因为它的微妙,处理起来相对比较难一些。所以,在搭配色彩的前提下首先掌握色彩的基本知识是必要的,我们不仅要运用好那些高饱和耀眼的色彩,还要让那些低纯度的色彩体现它们的作用,以达到整体妆容的完美协调。

(资料来源:http://www.xuexila.com/jiqiao/83248.html。)

二、眉型的勾画与修饰技巧

(一)眉型分类及解析

眉毛是指人体面部位于眼睛上方的毛发,对眼睛具有保护作用,古代就有将"蛾眉"用作绝代佳人的代称,可见眉毛对于人的重要作用。眼睛是心灵的窗户,那么我们可以把眉毛看作是窗帘,眼睛是人生的一幅画,那眉毛就是画框。长在眼睛上方的眉毛,在面部占有重要的位置,具有美容和表情作用,能丰富人的面部表情,双眉的舒展、收拢、扬起、下垂可反映出人的喜、怒、哀、乐等复杂的内心活动。在中国文学里,有很多形容眉毛的成语,如眉飞色舞、喜上眉梢、眉目传情、柳叶弯眉等。

眉毛的主要价值有以下几点。

(1)对眼睛有很好的保护作用,为眼睛遮风挡雨,起着保驾护航的作用。当脸上出汗或被雨淋了之后,它能把汗水和雨水挡住,防止流入眼睛,刺激眼睛,也能防止眼睛上方落下来的尘土和异物。

(2)眉毛与一个人的身体健康有着密不可分的联系。眉毛浓密,说明其肾气充沛,身强力壮;而眉毛稀淡恶少,则说明其肾气虚亏,体弱多病。

(3)中国传统玄学面相学指出,眼睛为火,主动、主散发。根据动静相生的原则,眉毛必须扮演静态、稳定、散热的角色。眉毛必须结合眼睛来看,眉毛与眼睛就像君与臣、奴才与主子的关系。

(4)眉毛具有协调五官、调整修饰脸型的作用。

而在化妆行业中眉毛的修饰也是化妆的重点之一,它不仅可以衬托眼睛,使眼部光彩迷人,而且也不同程度地改善了脸型的长短与宽窄。眉毛的外观因时代、人种、喜好、流行等的差异而有所不同。修整眉毛的目的是调整眼型与脸型,使面部看起来更加生动、立体。专业化妆师会把眉毛分为常用的十种眉型,我们将对其进行具体的分析。

1. 标准眉

标准眉作为画眉毛的标准与尺度基础,应用最为广泛,适合各种脸型,多使用在摄影美容妆中,眉峰位于整个眉长的 2/3 处。眉头颜色淡、低、粗,眉身颜色最深、稍细、平直,眉峰稍淡、稍细、最高,眉尾颜色介于眉头与眉身之间,最低、最细,如图 4-2 所示。

(1)眉头:在鼻翼与内眼角的延长线上。

(2)眉峰:在鼻翼与眼珠正中的延长线上。

(3)眉尾:在鼻翼与外眼角的延长线上。

（4）眉头与眉尾基本上在同一水平线上，或眉尾略高于眉头。

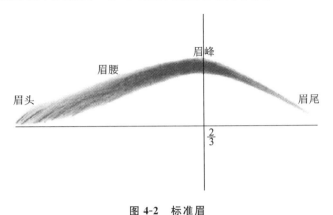

图 4-2　标准眉

2. 柳叶眉

柳叶眉又叫柔和眉、拱形眉，眉峰处弧度稍高，眉峰位于眉长的 2/3 处，眉峰比较柔和，适合标准脸型、额部较宽的脸型，如菱形脸、倒三角脸，或者是一个特定的妆面，给人成熟、爽柔、唯美的印象，特别适合新娘妆。

3. 修饰眉

修饰眉也称四分之三修饰眉，眉峰靠后，用来修饰脸型，特别适合额头较窄的人，比如菱形脸、圆脸等脸型，眉峰位于整个眉长的 3/4 处，眉尾稍高于眉头，给人优雅、知性、女人味十足、含蓄、精致的印象。

4. 平直眉

平直眉也叫一字眉，是比较自然柔和的眉型，眉峰位于整个眉长的 2/3 处，眉峰比较平，可以拉宽脸型，适合长脸和面部比较窄的人，可以缓和脸型过长，给人古典、优雅、柔美的印象。

5. 高挑眉

高挑眉别称欧式眉，用来拉长脸型，眉峰高挑，位于整个眉长的 1/2 处略靠后一些，适合方形脸、圆脸、正三角形脸等脸型较短的人，给人精神、爽朗、活力、大气的印象。

6. 小刀眉

小刀眉是标准的男士常用眉型，线条比较硬朗、锋利，多用于古装影视剧，体现男人特有的阳刚、男人的气质。

7. 远山眉

远山眉又叫时尚眉，用于创意妆、古妆、现代时尚妆，是在标准眉型的基础上进行演变的，眉尾平托向斜后方上扬，弧度自然流畅，线条柔美，给人妩媚、性感、古典、另类时尚的印象。

8. 古典眉

古典眉又叫画意眉，用于古妆、创意妆、戏曲妆等造型，中间粗两头细，形状弯细如月牙，给人婉转、含蓄、内敛、古典的印象。

9. 剑型眉

剑型眉是由两条有交点的直线组成，眉型没有角度，眉尾明显高于眉头，适合脸型较

宽的人,可以拉长脸型,使脸型消瘦,属于古典眉的一种,通常用来表现厉害、凶狠、侠客、剑客等人物的性格特征时使用,给人理智、坚定、霸气、正义的印象。

10. 创意眉

创意眉适用于各种时尚妆、舞台创意妆、平面艺术妆、彩绘等,可以依据化妆师的想象力与创造力进行随意创作,形状不规则,变化无穷。

(二) 不同眉型的修饰

1. 两眉间距近

两条眉毛向鼻根处靠拢,其间距小于一只眼睛的长度,使得五官显得紧凑、不舒展。将眉头多余的眉毛剔除以加大两眉间的距离,用眉笔描画时,将眉峰的位置向后移动,眉尾适当加长。

2. 两眉间距远

两眉间距大于一只眼睛的长度,使五官显得分散,容易给人留下不太聪明、愚钝的印象。由于眉头距离过远,使用眉笔采用立体仿真眉的画法,将眉峰略向前移动,眉梢不要画得过长。

3. 吊眉

眉头位置较低,眉梢上扬,使人显得很有精神,但是不够和蔼可亲。去除眉头下方和眉梢上方多余眉毛,描画时,加宽眉头上方和眉梢下方的线条,使眉头与眉梢在同一水平线上。

4. 挂眉

眉头与眉尾不在同一水平线上,使人显得亲切,但是过于下垂会使面部容易显得抑郁和苦闷。去除眉头上面和眉梢下面的眉毛,在眉头下面和眉尾上面的部分适当补画,尽量使眉头与眉尾在同一水平线上,或眉尾略高于眉头。

5. 短粗眉

眉型短而粗,显得粗犷有余,细腻不足,有些男性化。根据标准眉型的要求将多余的眉毛修掉,然后用眉笔补画出缺少部位,可适当加长眉型。

6. 眉型散乱

眉毛生长杂乱,缺乏轮廓感,使得面部五官不清晰。依照标准眉型要求修剪多余眉毛,在杂乱眉毛部位涂抹少量专业胶水,使用眉梳梳顺,再用眉笔加重眉毛的色调,画出相应眉型即可。

(三) 眉毛的修整

1. 修眉、刮眉的注意事项

(1) 修眉工具:眉刀(单刀片、电动、手持)、眉梳、眉刷、眉胶、眉笔(棕、灰、黑、咖)、眉钳、眉剪等。

(2) 修眉的原则:宁少勿多、宁上勿下、动作轻巧、手法熟练。

(3) 刀片与皮肤呈斜45°,逆着眉毛生长方向去除。

(4) 修眉以模特的眉型为基础,不可做过多处理。

(5) 眉型设计适合模特脸型、气质,眉型要求整齐干净,形状突出流畅柔美。

(6)眉剪可以修剪过于浓密或偏长的眉毛。

2．画眉的注意事项

(1)线条流畅,边缘整齐干净,眉型清晰立体。

(2)眉毛颜色深浅自然,颜色宁淡勿浓,宽度宁细勿粗。

(3)多采用立体仿真眉的画法,使用多种颜色眉笔刻画。

(4)找准眉头、眉峰、眉尾位置,眉头切忌过于浓重,眉峰切忌有棱角,眉尾切忌低于眉头,画出适合模特的眉型。

(5)脸型长的人眉毛不可上提,眉峰不能有棱角。

(6)眉毛的颜色与头发颜色接近。

(四)眉型素描训练

眉头、眉峰、眉尾三点找,直线、曲线定眉底,根根毛发相叠加,立体眉型即刻画。眉色中间是最深,两头淡浅显柔和,眉底最重显精神,素描画眉有方法。

(1)画一条直线,确立一条线段,四个点分出均等的三等分。

(2)在线段上分别找出眉头、眉峰、眉尾三点的具体位置。

(3)三点成线,前直后弯,确定眉底线,确定大致的眉型。

(4)顺着眉毛生长方向(眉头螺旋状,眉身斜向后,眉尾斜向下)根根添加眉毛,或利用素描排线的方法添加线条,由眉身分别向两边过渡。

(5)颜色过渡做到下深上浅,有形无边,或中间深两边浅。

案例分析

浓妆淡抹总相宜

王芳,某高校文秘专业高才生,毕业后就职于一家公司做文员。为适应工作需要,上班时,她毅然放弃了清纯少女妆,化起了整洁、漂亮、端庄的白领丽人妆。不脱色粉底液,修饰自然、稍带棱角的眉毛,与服装色系搭配的灰度高偏浅色的眼影,紧贴上睫毛根部描画的灰棕色眼线,黑色自然型睫毛,再加上自然的唇形和适宜的唇色,虽化了妆,却好似没有化妆,整个妆容清爽自然,尽显自信、成熟、干练的气质。但在公休日,她又给自己来了一个大变脸,化起了久违的青春少女妆,粉蓝或粉绿、粉红、粉黄、粉白等颜色的眼影,彩色系列的睫毛膏和眼线,粉红或粉橘的腮红,自然系的唇彩或唇蜜,看上去娇嫩欲滴,鲜亮淡雅,整个身心都倍感轻松。心情好,工作效率自然就高,一年来,王芳以得体的外在形象、勤奋的工作态度和骄人的业绩,赢得了公司同仁的好评。

(资料来源:http://wenku.baidu.com/link?url=KmQxkvs9Bq-oKNVVQPmCAfeb_h2JS2-BvmyjI1z8ttMkyc-P9Oop7xpIMZFbepmE_0fUVHSECwsXwJ38avDnBAw_xVifXK5PDPjHq4kSK3m.)

案例分析:俗话说,"穿衣打扮,各有所爱"。意思是自己的妆容是个人的事情,与别人没有关系。但是作为职场中的人来说,妆容却不仅仅是个人的事。因为妆容要和职业身份相符合,妆容不仅代表了自己的品位,还代表着单位的形象,代表着对别人的尊重。在

社交场合,从某种意义上说,妆容就是一封无言的介绍信,向交往对象传递着各种信息,别人可以从你的妆容上看出你的品位、个性,甚至可以看出你的职业状况。

三、眼妆的处理技巧

眼型的修正主要是通过眼线和眼影来实现的,如通过描画粗细不同、离睫毛根远近不同的眼线与眼影来弥补缺陷。除此之外,还可以通过粘贴假睫毛和美目胶带修正眼型,画眼影和眼线是修正眼型的主要内容。

眼睛是面部最为传神的器官,也是面部最醒目的部位,眼睛描画是否成功将直接影响到整体化妆的成败。这不仅是由眼睛在面部的重要性所决定的,而且也是因为眼睛本身的修饰描画较其他部位复杂,不易掌握。眼睛的修饰主要由眼影的描画和眼线的勾画及涂染睫毛三部分完成。

(一)眼影

1. 眼影晕染的作用

(1)眼影的晕染可强调和调整眼部凹凸结构。

(2)可表现妆型特点,使眼睛显得妩媚动人。

2. 涂眼影的要求

(1)眼影色与妆型、服饰色调相协调。

(2)眼影晕染的形状符合眼形的要求。

(3)色彩要柔和,多色眼影搭配时丰富而不混浊。

3. 涂眼影的正确位置

在涂眼影时先要确定涂抹的位置,一般来说,涂眼影的位置多在上眼睑处,根据需要可局部或全部覆盖上眼睑。涂抹时要与眉毛有一些空隙,眉尾下部要完全空出。有时下眼睑也画眼影,位置在下睫毛根地方,面积很小。

4. 涂眼影的方法

眼影的涂抹主要是通过晕染的手法来完成的,也就是说,在画眼影时颜色不能成块状堆积在眼睑上,而是要有一种深浅的变化,这样会显得自然柔和,通常眼影的晕染有两种方法:一种是立体晕染,另一种是水平晕染。

(1)立体晕染是指按素描绘画的方法晕染,将深暗色涂于眼部的凹陷处,将浅亮色涂于眼部的凸出部位。暗色与亮色的晕染要衔接自然,明暗过渡合理。立体晕染的最大特点是通过色彩明暗变化来表现眼部的立体结构。

(2)水平晕染是将眼影在睫毛根部涂抹,并向上晕涂,越向上越淡,色彩呈现出由深到浅的渐变。水平晕染的特点是通过表现色彩的变化来美化眼睛。

立体、水平晕染两种方法没有绝对的界线,立体晕染中也常常包含表现色彩变化的内容,而水平晕染中也常常要估计到眼部凹凸结构的因素,只是它们所表现的侧重点不同。

5. 眼影的色彩搭配法

1)单色眼影

任何一种颜色都可以作为眼影来化妆,单色眼影化妆也应有浓有淡,有深浅变化,单色化妆比较自然,易单调。

2) 双色眼影

(1) 相近色搭配(深浅搭配)。两种颜色含有共同色彩成份,比如淡紫红和深紫红,这种色彩搭配,对比弱,比较柔和、和谐,适合淡妆类化妆。先用浅色晕染,再用深色作为强调色。

(2) 明暗色彩对比。可强调眼部的凹凸结构,常用于晚妆及人造光源下的化妆。

(3) 冷暖色彩对比。可产生强烈的眩目、对比效果,常用于浓妆、彩妆、舞台化妆,这种色彩搭配要掌握好纯度比。

(4) 三色搭配法(及多色搭配)。也称 1/3 化妆法,将上眼睑分成三部分,中间用亮色,其他的色彩可采用冷暖、深浅对比,此方法适合上眼睑较宽、用色余地大的眼睛。

(二) 画眼线

1. 画眼线的作用

描画眼线可使眼部轮廓清晰,增强眼睛的黑白对比度,可弥补眼形的不足,并使人显得神采奕奕。

(1) 画眼线可调整眼睛的轮廓和两眼之间的距离。

(2) 可加强眼睛的神采,使眼睛黑白对比强。

2. 画眼线的要求

(1) 眼线的形状符合眼形、个性的需要。

(2) 眼线的宽窄、色调与妆型协调。

3. 画眼线的方法

1) 眼线笔描画

(1) 选择软芯防水眼线笔,把笔尖削薄、削细。

(2) 沿睫毛部描画,上眼线粗,下眼线细。

(3) 当笔的描画不上色时,可用笔尖沾少许油膏润润笔芯再描画。

(4) 眼线笔描画显得柔和自然,适合于生活妆。

2) 眼线液描画

描画眼线要格外细致,因为眼线离眼球很近,眼球周围的皮肤非常敏感,描画时一不小心会刺激眼睛流泪,破坏妆面。画上眼线时,让化妆对象闭上双眼,用一只手在上眼睑处向上轻推,使上睫毛根充分暴露出来,眼睛向下看,然后从外眼角或内眼角开始描画。画下眼线时,让化妆对象眼睛向上看,然后从外眼角或从内眼角进行描画。眼线要求整齐干净、宽窄适中,描画时力度要轻,手要稳。

4. 眼线的颜色

眼线的颜色有很多种,如黑色、灰色、棕色、蓝色、紫色、绿色等。亚洲人由于毛发的颜色是棕黑色,所以常使用棕黑色眼线笔,但有时候根据妆型设计的特殊需要也使用其他颜色。

(三) 睫毛的修饰

睫毛除具有保护眼睛的作用外,对眼睛的美化作用也非常明显。长而浓密的睫毛使眼睛充满魅力,亚洲人的睫毛比较直、硬、短,因而眼睛显得不够生动。修饰睫毛的主要内容是使其弯曲上翘,并且显得长而柔软。修饰睫毛要通过夹睫毛、涂睫毛膏和粘贴假睫毛来完成。

1. 夹睫毛和涂睫毛膏

1) 夹睫毛

用睫毛夹使睫毛卷曲上翘,这样可以增添眼部的立体感。操作时眼睛向下看,将睫毛夹的夹口置于睫毛上,将夹子夹紧稍停片刻后松开,不移动夹子的位置连续做几次,使弧度固定。在夹睫毛时应分别从睫毛根、睫毛中部和睫毛尖部三处加以弯曲,这样形成的弧度比较自然。

2) 涂睫毛膏

涂上睫毛时,眼睛向下看,睫毛刷由睫毛根部向下向外转动,然后眼睛平视,睫毛刷从睫毛根部向上向内转动。涂上睫毛时,眼睛始终向上看,先用睫毛刷的刷头横向涂抹睫毛梢,再由睫毛根部由内向外转动睫毛刷,可薄涂,涂多次。如果有睫毛粘连的情况出现,可用眉梳在涂抹睫毛膏后将其梳顺,使睫毛保持自然状态。

2. 粘假睫毛

当自身睫毛稀疏、睫毛较短或遇妆型的需要时,可利用粘贴假睫毛来增加睫毛的长度和密度,粘贴前后如图4-3所示。

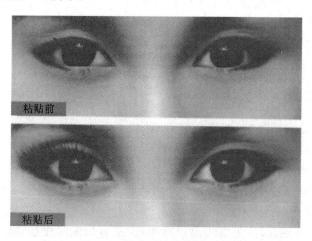

图4-3 假睫毛粘贴前后对比

(1) 修剪假睫毛。假睫毛选好后,在粘贴前要根据化妆对象的睫毛情况修剪,用眉剪对睫毛的宽度、长度和密度进行修剪。假睫毛修剪应呈参差状,内眼角睫毛稀疏,外眼角浓密,这样修饰后的效果比较自然。

(2) 将粘贴假睫毛的专用药水涂在假睫毛根部的上端横线和侧面,胶水要薄而均匀,如果胶水过多,会令眼部产生不适感,或由于胶水太多不易干透而造成假睫毛粘贴不牢。

(3) 将涂过胶水的假睫毛从两端向中部弯曲,使其弧度与眼球的表面弧度相符,便于粘贴。

(4) 用镊子夹住假睫毛,将其紧贴在自身根部的皮肤上,然后再由中间至两边按压、贴实。由于眼部活动频繁,内眼角处的假睫毛容易翘起,因此应特别注意假睫毛在内外眼角处的粘贴。

(5) 在假睫毛粘牢后,用睫毛夹将真假睫毛一并夹弯,使它们的弯度一致,然后涂抹睫毛膏。由于此时的真假睫毛已融为一体,在涂睫毛膏时与上述涂真睫毛的方法相同。

粘贴假睫毛对于初学化妆的人来说会有一定的难度,操作时注意假睫毛的修剪要自然,粘贴要牢固,真假睫毛的上翘度要一致。

(四) 双眼皮的制作(见图 4-4)

1. 作用

(1) 单眼皮可化妆成双眼皮。

(2) 矫正过于下垂的眼皮。

(3) 可矫正两眼的大小,使其一样。

(4) 使眼睛有扩大的感觉。

处理好基本的眼部底妆,先在睫毛根部描画一条眼线,再画一条双眼皮宽度线。

将眼影的宽度线自然地晕染开,在宽度线下添浅色,如白色、肤色等。

下眼影的位置用眼线笔和眼影结合晕染过渡。

确定宽度线之前一定要先画眼线,这样才能保证宽度线的正确性。

图 4-4 双眼皮的制作

2. 制作方法

1) 美目贴

主要用于日常生活化妆和影楼化妆。

特点:方便、容易掌握。

缺点:因是塑胶制品,不易上色,且有反光点。

使用方法:美目贴自身有黏性,应在打底之前贴好。根据眼形的长度,剪成月牙形,两边不可太尖,应剪成圆形,以免刺激眼睛,用镊子夹住,贴在适当的位置上。

2) 深丝纱

需配合酒精胶水使用,主要用于影视和舞台化妆。

特点:自然、容易上色。

使用方法:在涂完眼影后使用。根据眼形剪成月牙形,用酒精胶水作单面涂抹,胶水不宜过多,然后贴在眼皮上,最后用定妆粉定妆,以避免两层眼皮粘在一起。

(五) 眼部的整体矫正修饰

1. 两眼距离较近

特征:两眼间距小于一只眼的长度,使得面部五官看似较为集中,给人以严肃、紧张甚至不和善的印象。

修饰:①眼影,靠近内眼角的眼影用色要浅淡,要突出外眼角眼影的描画,并将眼影向外拉长。②眼线,上眼线的眼尾部分要加粗加长,靠近内眼角部分的眼线要细浅,下眼线

的内眼角部分不描画,只描画整条眼线的1/2或1/3长,靠近外眼角部分加粗加长,眼影的晕染可强调外眼角,并拉长睫毛,由中部向尾部涂染略厚些,内眼角可染可不染。

2. 两眼距离较远

特征:两眼间距宽于一只眼的长度,使五官显得分散,面容显得无精打采、松懈迟钝。

修饰:①眼影,靠近内眼角的眼影是描画的重点,要突出一些,外眼角的眼影要浅淡些,并且不能向外延伸。②眼线,上下眼线在内眼角处都略粗一些,外眼角处相对细浅一些,不宜向外延长。③睫毛,睫毛的粘贴也重点强调内眼角,外眼角的睫毛稍稀,也可以不粘贴。

3. 吊眼

特征:外眼角明显高于内眼角,眼型呈上升状,目光显得机敏、锐利,如眼型上升明显,会使人产生严厉、冷漠的印象。

修饰:①眼影,内眼角上侧和外眼角下侧的眼影的描画应突出一些,这样会使上扬的眼形得到改善。②眼线,描画上眼线时,内眼角处略粗,外眼角处略细。下眼线的内眼角处要细浅,外眼角处要粗重,并且眼尾处的下眼线不与睫毛根重合,而是在睫毛根的下侧。

4. 下垂眼

特征:外眼角明显低于内眼角,眼型呈下垂状,眼略有下垂使人显得和善、平静,如果下垂明显,则使人显得呆板、无神和衰老。

修饰:①眼影,内眼角的眼影颜色要暗,面积要小,位置要低,外眼角的眼影色彩要突出,并尽量向上晕染。②眼线,描画上眼线时,内眼角要细浅些,外眼角处要宽,眼尾部的眼线要在睫毛根的上侧画,下眼线内眼角处略细。另外,还可以在眼尾处贴美目胶带使外眼角提升。

5. 细长眼

特征:眼睛细长会有眯眼的感觉,使整个面容缺乏神采。

修饰:①眼影,上眼睑的眼影与睫毛根之间有一些空隙,下眼睑眼影从睫毛根下侧向下晕染略宽些、眼影宜使用偏暖色,采用水平晕染法。②眼线,上下眼线的中间部位略宽,两侧眼角画细些,不宜向外延长。

6. 圆眼睛

特征:内眼角与外眼角的间距小,圆眼睛使人显得比较机灵,但也会给人留下不够成熟的印象。

修饰:①眼影,眼睑的内、外眼角的色彩要突出,并向外晕染,上眼睑中部不宜使用亮色,下眼睑的外眼角处的眼影用色要突出并向外晕染。②眼线,上眼线的内、外眼角处略粗,中部平而细,下眼线只画1/2长,靠近内眼角不画,外眼角处眼线略粗。

7. 肿眼泡

特征:上眼皮的脂肪层较厚或眼皮内含水分较多,使眼球露出体表的弧度不明显,使人显得浮肿松懈没有精神。

修饰:①眼影,采用水平晕染,用深色眼影从睫毛根部向上晕染,逐渐淡化,尾骨部位涂亮色,肿眼泡的人尽量不使用红色作眼影。②眼线,上线的内眼角略宽,眼尾高于眼睛轮廓,眼睛中部的眼线要细直,尽量减少弧度,下眼线的眼尾略粗,内眼角略细。

8. 眼袋较重

特征:下眼睑下垂,脂肪堆积,使人显得苍老,缺少生气。

修饰:①眼影,眼影色宜柔和浅淡,不宜过分强调,一般应选用咖啡色和米白。②眼线,上眼线的内眼角处略细,眼尾略宽,下眼线要浅淡或不画。

9. 假双眼皮画法

对于单眼皮或形状不够理想的双眼皮,在上眼睑处画出一个双眼皮的棕色线,称假双眼皮画法。具体画法是先在上眼睑画一条线,这条线的高低位置要以假双眼皮的宽窄而定,如果想双眼皮宽一些,这条线就要高,反之,就低一些。涂眼影时要注意,在画线以下部分涂浅亮的颜色,这样就会使假双眼皮的效果更明显。

(1) 先平视画一道弧线。

(2) 在弧线内用浅亮色弧线,外用深色,越往上越淡,形成双眼皮。

四、鼻子的修饰

(一) 标准的鼻形

鼻子位于面部的中庭,是整个面部最突起部位,鼻根始于眉头,鼻翼位于眼角垂直线的外侧,鼻梁由鼻根向鼻尖逐渐升高,鼻梁直而挺拔,鼻尖圆润秀气。

(二) 鼻形修饰

选择咖啡色或橄榄色晕染鼻梁两侧,鼻侧影颜色不宜过深,否则会显得失真,鼻梁上用象牙或火白色提亮,明暗过渡要柔和,鼻的修饰方法主要是涂鼻侧影和在鼻梁上提亮,鼻侧影面积的大小、位置的高低都会使鼻形、脸型发生相应的变化。

1. 理想形

特征:鼻梁挺拔,宽窄适中,鼻尖圆润,鼻孔微露,鼻翼宽于内眼角、窄于嘴角,鼻长为面部的1/3。

修饰:鼻梁两侧涂浅棕色或橄榄绿色,上下晕染,鼻梁上略加亮色,色调衔接要自然,使鼻的美感突出。

2. 塌鼻梁

特征:鼻梁低平,面部凹凸,层次严重失调,使面部显得呆板,缺乏立体感和层次感。

修饰:鼻侧影上端与眉毛衔接,在眼窝处颜色较深,向下逐渐淡化,在鼻梁上较凹陷的部位及鼻尖处涂亮色,但面积不宜过大。

3. 鼻子较短

特征:鼻子的长度小于面部长度的1/3,即常说的"三庭"中的中庭过短,鼻子较短会使五官显得集中,同时鼻子易显宽。

修饰:鼻侧影的上端与眉毛衔接,下端直到鼻尖,鼻侧影的面积应略宽,亮色从鼻根处一直涂抹到鼻尖处,要细而长。

4. 鼻子较长

特征:鼻子的长度大于面部长度的1/3,也就是中庭过长。鼻子过长使鼻形显细,脸型显得长而生硬,不柔和。

5. 鹰钩鼻

特征:鼻根较高,鼻梁上端窄而突起,鼻头较尖并弯曲呈钩状,鼻中隔后缩,面容缺乏柔和感,显得较为冷酷。

修饰:鼻侧影从内眼角旁的鼻梁两侧开始到鼻中部结束,鼻尖部涂暗色,鼻根部及鼻尖上侧涂亮色,鼻中部突起处不涂亮色。

6. 宽鼻

特征:鼻翼的宽度超过1/5,面部缺少秀气的感觉。

修饰:鼻侧影涂抹的位置与短鼻相同,鼻尖部涂亮色,用明暗对比加强鼻尖和鼻翼之间的反差,使鼻翼显窄。

7. 鼻梁不正

修饰:修饰时要注意鼻梁歪斜的方向,歪向哪一侧,哪一侧的鼻侧影就要略浅于另一侧,亮色涂在脸部的中心线上。

五、腮红的修饰

(一)腮红的作用

用于面颊和轮廓的修饰,可使面色红润显得健康,并可适当调整脸部的轮廓。

(二)产品的分类

粉状:类似于眼影粉,色彩丰富,适用任何妆面,应用范围广泛。

膏状:类似于粉底,在定妆粉之前使用,色彩柔和,较贴合皮肤,适用妆面淡雅的妆型,如影视妆、透明妆、生活妆等。

(三)标准的腮红位置及打法

1. 位置

在颧骨旁,一笑就抬起的部位。

2. 打法

以鬓发为起点,向嘴角方向涂抹,向内不过外眼角,向下不过嘴角,晕染要柔和自然,具体如图4-5所示。

找好刷腮红的起点位置,开始纵向晕染。

用腮红刷柔和腮红的边缘。

进一步纵向处理腮红。

颊侧腮红完成。

图4-5 腮红的打法

(四)各种脸型的腮红打法

1. 长脸型

以鬓发为起点,不可高过外眼角,横向晕染。

2. 方脸型

以鬓发为起点,不可高过外眼角,斜纵向晕染,面积宜小,颜色宜浅淡。

3. 圆脸型

以鬓发为起点,斜向晕染,面积不宜过大。

4. 由字脸

以鬓发为起点,略高于外眼角,斜纵向晕染。

5. 申字脸

以鬓发为起点,不可高过外眼角,斜向晕染。

六、唇的描画

(一)标准的唇形

1. 嘴裂的宽度

当两眼平视正前方时,两瞳孔的内侧缘向下的垂直线之间的宽度。

2. 唇的厚度

大约是嘴裂的1/2。中国人的审美认为下唇略厚于上唇即可,欧洲人认为下唇应是上唇的两倍厚。

3. 唇峰的位置

位于唇中线至嘴角的1/3或1/2处,厚度大约是嘴裂的1/4不到。

4. 唇谷的位置

位于唇中线上,高度是唇峰至嘴裂的1/2。

5. 下唇中部

最低点位于唇中线上,厚度是嘴裂的1/4。

(二)唇线笔的作用

(1)唇线笔是蜡制作的,可以使唇的轮廓显得清晰,选择比口红略深的颜色,可以增加立体感(同色系)。

(2)弥补和矫正唇形的不足。

(3)防止口红向四面外溢。

(4)比较容易画出唇形,并易修改。

(三)画唇形

1. 唇线

确定唇峰、唇谷、下唇中部的位置,找到各个点以后,从嘴角起笔,至中间连线,要求线条流畅。

2. 涂口红

用口红笔蘸上唇膏,从唇角向唇中部涂抹,由外向内涂满,为了增加立体感,口红分三层涂抹。

第一层基底色:所要表现的颜色,涂满全唇。

第二层暗影色:重点在唇角和唇的边缘,增加立体感。

第三层亮色:上唇的唇峰下面和下唇的中间,突出中间,使唇肌显得饱满。

（四）画唇的要求

（1）唇形要符合个性和妆型的要求。

（2）唇色与眼影、腮红色、服饰色彩协调。

图 4-6 为自然唇唇妆的步骤。

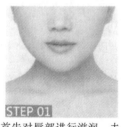
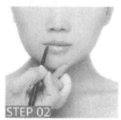
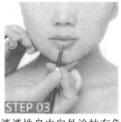
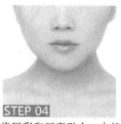

首先对唇部进行滋润,去除死皮等杂质并调整唇色。　　用透明的唇彩涂抹唇部。　　淡淡地自内向外涂抹有色唇膏。　　将唇彩和唇膏融合,自然唇完成。

图 4-6　自然唇唇妆的步骤

任务二　矫正化妆

矫正化妆是通过化妆手法的调整使五官的比例更趋向于完美比例,一般分为底妆的矫正、脸型的矫正、唇形的矫正、鼻子的矫正、眼形的和眉形的矫正等。

一、底妆的矫正

浅色有膨胀的效果,深色有收缩的作用。底妆矫正是通过粉底的深浅变化以制造拉长、缩短、膨胀、收缩的视觉,以达到立体标准的面部结构。依据五官的标准比例我们将浅色粉底涂抹于想要拉长突起的地方,深色涂抹于想要收缩变短的位置。一般为了达到更好的立体感,我们在"T"字部位、眉骨、下眼睑、下巴、法令纹等位置做浅色涂抹,在脸颊轮廓、鼻侧等位置做深色粉底的处理,如图 4-7 所示。

底妆的矫正有时候需要 3 种甚至 3 种以上色号的粉底,这就很容易造成底妆过厚,我们为了表现更清透且立体的底妆效果,有时候把定妆前和定妆后底妆的矫正结合在一起进行。化妆是将所有的环节结合在一起最终达到满意的效果,切忌在一个步骤上固守,应该把难题进行分散处理,再逐一击破,方能事半功倍,否则很容易造成粉底过厚,妆面过浓的结果。

二、脸型的矫正

小脸型有很好的镜头感,在没有凹陷感的情况下一般不需要调整,如果有凹陷,用浅色粉底做提亮使其膨胀起来。脸型过于宽大的人用深色粉底修饰面颊,使其弧度更加优

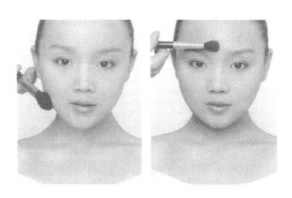

图 4-7 底妆的矫正

美。我们要根据妆面的浓淡程度确定调整的尺度。骨、下巴等部位根据比例标准确定是否需要做修饰,所有的修饰必须以自然为标准,过于生硬的修饰容易产生戏剧感的夸张效果。

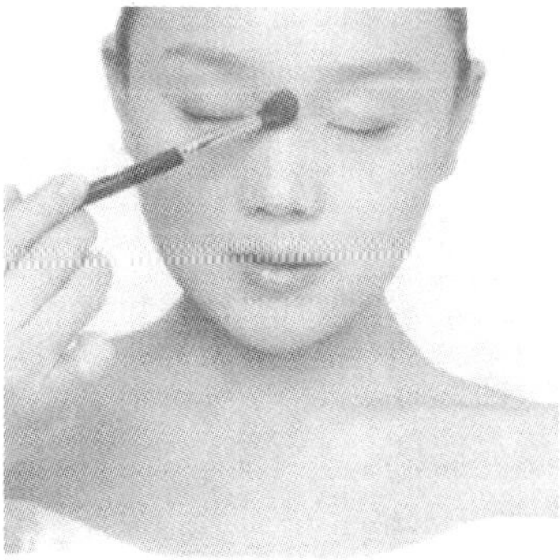

二、鼻子的矫正

应根据鼻子在三庭上的比例确定其长短,鼻侧影不要连到鼻翼上,那样容易给人造成铁轨一样的感觉,影响妆面的干净程度,鼻子的矫正如图 4-8 所示。

(一)鼻子过长

应尽量缩短鼻子提亮的长度,提亮一般只限于鼻根部位。

图 4-8 鼻子的矫正

(二)鼻子过短

应加长鼻子的提亮长度,提亮长度一般不超过鼻根至鼻尖整个长度的 2/3,切忌做出通天鼻的感觉,那样容易造成三庭层次混乱。

(三)鼻子歪

如果鼻子歪向一边,可以用浅色粉底提亮鼻梁,用深色粉底加深鼻侧,并且用位移手法使其端正。

(四)鼻头过大

应适当地进行深色粉底的修饰,修饰不宜过重,过重反而使缺陷更加明显。

(五)鼻翼过窄

可以用浅色粉底适当提亮鼻翼。

四、眼形的矫正

眼睛是妆容的灵魂,也是最花时间的位置,调整好了眼睛的形状,完美的妆容就成功了一大半。所以,如何矫正好眼睛的形状是非常重要的课题,我们在下面归纳了眼部妆容矫正的一些常见问题,眼形的矫正以标准比例为矫正依据,如图 4-9 所示。

 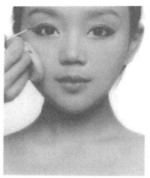

图 4-9　眼形的矫正

（一）两眼间距过近

间距过近的眼睛容易给人过于精明、工于心计的感觉。在调整的时候应把眼妆的重点放在眼睛的后半段，在视觉上尽量拉开两眼之间的距离，在一定基础上调整了给人的直观感觉。

（二）两眼间距过远

两眼间距过远容易给人造成幼稚、无神、呆板的感觉。在调整的时候应尽量拉近两眼之间的距离，适当前移眼妆的重点位置，适当拉长眼线，这样可以拉近两眼之间的距离，使眼睛更有神。

（三）高低眼

其实我们很多人的眼睛都有高低差距，只是有的差距不是很明显。在处理眼妆的时候，可以通过眼影、眼线、睫毛等元素将低的眼睛补高，高的眼睛压低，让两者尽量趋于平衡，不要通过单一的元素去调整这种差距，那样会造成很明显的单一元素不对称的感觉。

（四）眼睛过肿

眼睛过肿又称肿眼泡，这样的眼睛在调整的时候应尽量避免用浅淡的暖色，那样容易造成更肿的感觉。可以用较深的颜色和冷色系的色彩，弱化眼睛在视觉上的肿的感觉。

（五）大小眼

大小眼与高低眼解决的方式比较类似，有些大小眼是因为眼皮有单双之分，可以用美目贴来调整眼形，使其尽量一致，再化妆就会容易很多。

（六）单眼皮

纯的单眼皮无法粘贴出双眼皮，因为没有褶皱的痕迹。可以通过睫毛的支撑和眼线、眼影的结合使眼睛变大。有些单眼皮本身就很好看，不一定要做过多的调整，保持原有的特点也很好。

（七）眼尾下垂

可以通过上扬的眼线和眼影使眼尾得到提升，搭配眼尾上翘的睫毛效果会更好些。

（八）眼尾上扬

可以通过加宽下眼影及眼线的面积，压低眼睛的上扬感。眼线的眼尾不要太上扬，上眼影面积小些,以免眼妆面积过大。

五、唇形的矫正

唇的宽度一般不会超过平视前方的眼球内侧的垂直延长线,高度比例在1∶1和2∶3的范围内都是比较标准的唇形,唇形的矫正如图4-10所示。

图4-10 唇形的矫正

(一)唇形过大

不要画过亮的唇彩,因为过亮的唇彩会显得嘴巴很油。厚而且棱角分明的唇也不要画很有型的立体唇,因为处理不当会出现大唇套小唇的感觉。

(二)唇形过小

如果想画比较自然的唇形,可以先用肤色唇膏使唇的轮廓线模糊,再涂上相应颜色的唇彩,这样不但可以使唇变大,还会有感性的嘟嘟唇的感觉。想处理成轮廓分明的唇的时候,用唇膏打造新的轮廓线,再加上相应的唇色,就能塑造新的唇形。

(三)唇形扁平

扁平的唇形显得缺少立体感,不够饱满,可以把深浅色的唇膏相互结合,在唇珠应该突起的位置自然地涂抹浅色唇彩,与唇周的深色唇彩相结合,塑造立体感。

项目小结

本项目首先介绍了化妆的基本步骤与方法,接着阐述了矫正化妆的技巧,然后分别介绍了脸型、唇、鼻、眼和眉的修饰方法,同时辅以相应的技能训练,以期学生掌握基本的妆容修饰技能。

项目实训

一、知识训练

1. 简述化妆的基本步骤与方法。
2. 眉型的勾画与修饰技巧有哪些?
3. 画眼线的要求是什么?
4. 画唇的要求有哪些?

二、能力训练

运用本项目所学知识和技能,参考相关资料,完成浪漫唯美白纱化妆造型。

目的:运用实例训练学生的化妆造型技能。

要求:根据选定化妆造型对象的面部和五官特征实施妆容修饰,各种修饰技巧运用恰当。

案例分析

化妆还是不化妆

　　一天,黄先生与两位好友小聚,来到某知名酒店,接待他们的是一位五官清秀的服务员,接待服务工作做得很好,可是她面无血色,显得无精打采。黄先生一看到她就觉得心情欠佳,仔细留意才发现,这位服务员没有化工作淡妆,在餐厅昏黄的灯光下显得病态十足。上菜时,黄先生又突然看到传菜员涂的指甲油缺了一块,他的第一个反应就是"不知是不是掉到我的菜里了"。但为了不惊扰其他客人用餐,黄先生没有将他的怀疑说出来。用餐结束后,黄先生唤柜台内服务员结账,而服务员却一直对着反光玻璃墙面修饰自己的妆容,丝毫没有注意到客人的需要。自此以后,黄先生再也没有去过这家酒店。

讨论题:
(1) 请指出案例中服务员在仪容上存在的问题。
(2) 本案例对你有哪些启示?

项目五　服饰形象礼仪训练

项目目标

知识目标：了解服装和形象的本质联系,了解服装与形象礼仪之间的关系,掌握各地礼仪服饰文化,掌握得体场合的服饰文化,熟悉色彩基本理论,掌握个人正确着装。

能力目标：通过系统的理论知识学习,能针对不同场合得体着装,能针对个人差异正确着装。

素质目标：通过系统的理论学习和实践训练相结合,使学生得到服饰形象礼仪的正确指导,从而提升学生的审美能力、鉴赏能力以及实践操作能力。

项目任务

服饰形象礼仪是人们在交往过程中为了相互表示尊重与友好,达到交往的和谐而体现在服饰上的一种行为规范。此项任务首先以理论为基础,结合实训练习达到人与衣和、人与场合和、人与自然和,最终达到人与人交往的和谐体现。

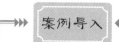

着装的基本原则

某省级电视台在一次晚间的摇奖节目中,当主持人宣布"有请特邀嘉宾,某某大型企业的老总为我们开奖"时,一位四十多岁的男人冲上舞台,他身穿黑色衬衣,打着五颜六色、让人眼花缭乱的领带,蓝色牛仔裤,手戴一块金表,脚穿一双白色名牌运动鞋,夹着公文包。企业老总的这种形象,立即被全国几亿观众看到,这对企业有什么影响?

服饰礼仪是人们在交往过程中为了相互表示尊重与友好,达到交往的和谐而体现在服饰上的一种行为规范。着装体现了一个人的文化修养和审美情趣,是一个人身份、气质、内在素质的体现。得体的服饰是一种礼貌,一定程度上影响着人际关系的和谐。

任务一 服饰形象设计概述

一、简述服饰发展的历史

中国素有"衣冠之邦"的赞誉,"上古衣毛而冒皮",《后汉书·舆服志》如此追叙古代先民服饰。与渔猎、采集的生产生活方式一致,先民以动物皮毛为服饰的原料,服饰雏形初现,人类也从茹毛饮血的混沌时代迈向文明。据汉代学者郑玄等人的推测,最早的先民衣式,可能仅是一块围系于下腹至隐私部位的皮毛,从遮前到蔽后,在御寒、护腹的同时也用来遮羞,"衣冠王国"的服饰便从最初的这块皮毛,开始了漫长的演化。

中国服装历史悠久。在远古时代,原始人类利用树叶或者兽皮制成遮体之物,这就是服装最早的雏形。考古学家曾在北京周口店以及浙江余姚河姆渡遗址中都发现了骨针等物,这些骨针为当时缝制衣服所用。夏、商、周是奴隶社会从兴起、发展到辉煌的时期,此间生产力得到飞速的发展,而服饰也得到了很大的发展。当时社会奠定了上衣下裳的基本制度,严格的服饰制度也在当时建立起来,并开始利用麻、毛、丝作为衣料,利用朱砂等染色,从而制出成衣。春秋战国时期,服装从商周时期的上衣下裳逐渐演变为上衣和下衣相连的连衣,这一时期的服饰等级划分依然十分明显,统治者及贵族通常采用丝质材料,甚至某些毛、木棉纤维也被应用于衣物当中,而平民大多采用麻、葛等粗布材料。在战国时期,胡服开始流行,胡服与当时中原地区宽衣博带的服装有较大差异,特征是衣长齐膝、裤子紧窄、腰束郭洛带、用带钩、穿靴,便于骑射活动。因为胡服轻便实用,所以很快从军队传至民间,被广泛采用。到了汉代,随着社会的快速发展,经济、生活和文化水平都得到了极大的提高。当时的纺织技术及印染技术已经相当成熟,服装的材料也已极大丰富,汉服款式也相对比较新颖。汉朝的服装主要有袍、襦(短衣)、裙。魏晋南北朝时期社会长期处于战乱分裂的状态,各王朝以及各地区的服装都有一定的差异,例如,北方地区主要以胡服为主,而南方则主要以汉服为主。隋唐两代,服装具有非常浓厚的政治色彩,已经逐渐成为了权力的象征。唐代是我国封建社会的鼎盛时期,无论是社会生产力还是经济、文化都达到了历史的高峰。唐代的服饰图案一改天赋神授的图案,逐渐变为采用真实的花鸟鱼虫,而代表皇权的龙、凤图案依然被沿用,当时的设计更趋向于表现自由、丰满、肥壮的服饰风格。由于唐代女权得到了极大提高,女性服装也出现了很大的改变,不仅衣料考究,雍容华贵且大胆、开放。在出土的一些文物中能够看到很多妇女露臂、披纱、斜领、大袖、长裙的着装,这些是典型的开放服饰。宋代上至皇亲贵族,下至平民百姓,大多穿着直领、对襟的服饰,因为这样不仅显得典雅大方又感觉舒适得体。元代是中国历史上民族融合的时代,服装服饰也充分体现了这一特点。元代服装以质孙服为主,是一种较短的长袍,在腰部有很多衣褶,比较紧、窄,方便上马下马。明代是中国历史上最后一个由汉族统治的王朝,明太祖朱元璋倡导恢复汉族古老的传统服制。明朝服饰继承了宋朝服装的部分式样,又融合了元朝蒙古服饰的部分元素,恢复了唐朝衣冠制度,禁穿胡服。清朝是中国封建社会最后一个王朝,实施"剃发易服",按照满族习俗统一男子服饰。满族服装以旗装为代表,用料节省,制作简单且穿着便捷,与传承几千年的宽袍大袖相比,旗装柔弱纤细,与富丽堂皇的汉族服饰形成鲜明对比。至20世纪40年代后,受国内外服饰的影响,满族男性旗袍已逐渐消失,女性旗袍逐渐演变为紧身贴腰、窄袖、下摆长至脚踝,体现出女性的体型和温柔贤淑的个性,对国内外服饰都产生了深远的影响。民国时期的服装打破了清朝的束缚,设计更加人性化,且受西方文化的影响,通过吸收西方服装设计方面的优点再加以改进和创新,形成了带有鲜明中国特色的服饰,其中最具代表性的就是中山装以及改良后的旗袍。中山装是以孙中山先生的名字而命名的一种服饰,将中国传统服装与西装的特点结合到一起,设计出了一种四贴袋盲翻领的服装。孙中山先生曾在第一次穿中山装时这样评价:"这种服装好看、实用、方便、省钱,不像西装,除上衣、衬衣外,还要硬领,费事费钱。"很多国家领导人如毛泽东、周恩来、邓小平都经常穿着中山装。由于毛泽东经常穿着中山装出席各种重大活动,所以西方也习惯称中山装为"毛装",日本称中山装为"人民服"。

中国服装的发展走过了5000多年的历程,不同的历史时期都有其代表性的服饰。中国服装体现了中国5000多年发展中的社会演变、文化变革、民俗融合、科技进步等,展现了中华民族博大精深的文化和独特的精神,代表了一种传承与发展。从上古时期至今,中国文化在不断的碰撞、融合中丰富发展,中国服装也在不断的改进、创新中繁荣璀璨。通过服装,我们能够一窥古代先贤圣哲创作的文明成果,可以感受中国历史文化的深厚底蕴。而今天的中国服装,无疑正在以更加安全、时尚、科技、艺术的多彩形象,向全世界展现着东方之美。

二、服饰与礼仪的关系

服饰是一种性格,或活泼或深沉;服饰是一种风格,或豪放或婉约;服饰是一种气质,或狂放或内敛。在现实社会中,拥有良好的服装礼仪,会创造更多的发展机会,但是由于大家对服饰的认识不同,不了解正确的穿着礼仪及穿着技巧,常常会造成让人尴尬的局面。

(一)礼服文化

礼,是表示敬意的通称,仪,则多指人的外表、举止、态度(仪容)。所谓礼仪服装就是指表现一定礼仪、具有一定信仰意味,在特定的时间、场合、气氛中穿着的正规服装。礼仪服装不仅因身份、阶级、职业、年龄、性别之差各不相同,而且因礼仪的轻重、时间的早晚而各有区别。礼仪服装在一定的历史范畴中,作为社会文化及审美观念的载体,受社会规范所形成的风俗、习惯、道德、仪礼的制约,具有一定的继承性、延续性。

礼仪服装的产生与人类早期的各种祭祀庆典等礼仪活动有关。各朝各代在沿袭祖先传下来的礼服规则的同时,又根据自己的实际情况对各种礼仪服装进行修改、调整,规定出一整套服装礼规。我国提倡艰苦奋斗、勤俭节约,因此各种利益场合的着装趋于简单朴素、生活化。西方社会以法国贵族为代表,礼服按穿着者的地位、身份来限定礼仪场合、规定礼仪氛围,如按举行各种仪式的时间为不同形式的礼服命名,有晨礼服、昼礼服、午礼服、鸡尾酒会服、晚礼服等。

知识链接

晚礼服简介

晚礼服又称夜礼服、晚宴服、舞会服,常与披肩、外套、斗篷之类的衣服相配,与华美的装饰手套等共同构成整体装束效果。传统的晚礼服款式强调女性窈窕的腰肢,夸张臀部以下裙子的重量感,肩、胸、臂的充分展露,为华丽的首饰留下表现空间。如低领口设计,以装饰感强的设计来突出高贵优雅,有重点地采用镶嵌、刺绣,领部细褶,华丽花边、蝴蝶结、玫瑰花,给人以古典、正统的服饰印象。传统晚礼服以夜晚交际为目的,为迎合夜晚奢华、热烈的气氛,选材多是丝光面料、闪光缎等一些华丽、高贵的材料。

(资料来源:http://wenda.so.com/q/1388769680062915?src=140。)

(二)礼仪服装的特性

1. 礼服的共同性

礼仪服装是人们长期以来建立的服装规范,是在各种条件的相互作用下被社会公众认可的仪态、仪表准则。它是约定俗成的,是社会成员之间的一种默契,如在一定社会中,人们兴趣、爱好、志向的趋同性,用途、活动场所、使用目的的一致性,流行趋势的影响、传统习惯的作用等,使礼仪服装的造型、色彩、用料、工艺、配饰等方面有一定的共同性。礼仪服装所具有的共同性,使身着礼仪服装的人彼此更具吸引力和亲和力。

2. 礼服的传统性

礼服是区别于日常便服的、非劳动时穿用的正规服装。在礼服中,人们通过一定的传统手法来表现人类的信仰、理想及情趣,通过对传统的尊重与沿袭来追古思今。特别是礼拜、传统的民间节日等穿用的礼服,基本是代代相传,不断丰富、提炼、发展的。

3. 礼服的标示性

礼仪服装对穿着者的身份、等级、职业等诸多方面都有明显的标示及限定作用。历来贵族、官吏、军人等特殊阶层人士的礼仪服装大都显得异常华丽、奢侈。不同的阶层礼仪服装的繁简程度不同,面料档次、工艺优劣、色彩纹样、造型与配饰等方面更是差别迥异。

礼仪服装所具有的极强的象征、标示作用正是通过这些细节体现出来的,且相比于便装来讲,在礼仪服装中,这种标示性体现得更为明显。

三、服饰形象设计的构成要素

一个设计元素由于采用了不同的色彩或材质,可能会产生迥然不同的效果。例如,两颗同样大小的钮扣因为分别使用了黄金和玻璃而会表现出天壤之别的效果。控制设计的最终效果是通过调整设计元素中的色彩、材质和造型三者之间的关系实现的。为了叙述方便,把这三者简称为色、质、型。

(一)服装配色的创意设计

服装配色的创意设计是根据服装的风格及定位,对不同类型的款式、面料以及不同季节的服装进行色彩的创造性设计。创意色彩既要有色彩的意义又要符合时代的审美,还要给人留下深刻的印象。每年两季的服装秀中世界顶级大牌纷纷展现个性鲜明、独特的创意服装色彩,用美的语言陈述色彩的多姿多彩和无限活力,使服装色彩魅力无穷,走在时尚的最前沿。服装配色的创意设计一般有以下三种表现手法。

1. 无彩配色的创意表现

无彩色是指黑、白、灰的色系,它最大的优点是可以调节明度,使无彩色的组色有很广的色域。无彩色具有调和的特点,它与有彩色搭配时效果尤佳且创意无限。无彩色的配色是经典的、时尚的,不断地创新使它永恒。黑白经典创意设计把握好材质及时尚元素是关键所在,它既可表现经典的时尚又可表现独特的个性。

2. 有彩配色的创意表现

有彩色是指红、橙、黄、绿、蓝、紫的色系,运用三要素的调和关系,色彩将千变万化。有彩色系的创意配色能够唤起人们的情绪,营造一种气氛,表现一种理念,传达一种情感,所以色彩本身就代表了一种"语义"。有彩色系的色彩设计只有营造一种气氛,传达一种理念,表达一种语义,服装色彩才能创意无限,才能让服装色彩各具风采。通常在色彩设计的灵感阶段就要注入灵感主题元素,诸如民俗元素、热带装饰艺术元素、历史文脉、中国元素等,并融入时代特色,围绕服装品牌文化、风格特征展开色彩设计的创意活动。

3. 流行色的创意表现

流行色被译为"时髦的色"或"最新的生活用色",意思是最时尚的颜色,最符合时代的色彩。流行色是服装的时尚颜色,备受消费者的关注,正确演绎流行色彩是服装色彩设计成功的关键。

(二)丰富的材质

服装色彩的创新不但要创造色彩的新语境,而且要把握好材料的特质,因为服装色彩是通过物质材料来呈现的,材料是色彩创新的载体。丰富的材质是色彩创新的必备条件,不断更新服装材料、更新科技技术,让色彩与材质"对话",创意色彩的色彩表情才会丰富且生动。

不同的材质会产生不同的色彩表情,正确运用材质的特性,完美体现色彩的语义,是服装色彩是否创意设计的关键。以下归纳五种不同材质的特性并对其色彩语义加以

分析。

1. 无光泽的材质

无光泽的材质以棉织物为主,一般可分为细、粗两种质地。棉织物质地较细密、平整,因此色彩相对稳定,色彩表情自然、朴素,无论用红色或蓝色都显现出温和的亲切感受,适合营造田园风情的色彩设计。粗织物质地较粗糙、凹凸较大,因此色彩稳定,如麻织物、牛仔布、粗花呢、泥料等。粗织物色彩表情沉稳、厚重,给人沉着、朴实、舒适的感觉,适合营造旅行者、"旧西部"牛仔风味的服装色彩。

2. 光泽材质

光泽材质以丝缎、化纤织物为主。丝缎织物质地光滑有光泽,手感柔软、飘逸,色彩表情高贵、华丽,所以适合设计柔美的女性色彩。化纤织物质地平整,光泽感很强,色彩表情冷,有未来、都市的感觉,设计都市、前卫的服饰色系较佳。

3. 皮革材质

皮革材质厚重柔和、光泽度适中,色彩表情豪华、时尚,宜设计成熟、雅致、华美的服饰色系。而漆皮材质光泽强、光感冷、色彩明艳照人,色彩表情冷艳而高傲,给人以前卫、时尚之感,适合摇滚、另类服饰的色彩设计。

4. 绒毛材质

绒毛材质有两种,一种毛感细腻,另一种毛感丰厚。毛感细腻的是丝绒织物,手感丰懦且有垂感,如丝绒、天鹅绒、呢绒等。色彩给人以华贵、优雅、端庄的感觉,是高级礼服的首选。毛感丰厚的是裘皮织物,体感强且蓬松,色泽自然光亮,服装色彩丰富、华美,给人富贵华丽的感受。

5. 透体织物

透体织物多为细麻纱、巴厘纱、蝉翼纱、薄纱、雪纺等,具有质地细腻、光滑平整、轻柔剔透的特质。色彩感觉朦胧变幻,给人以清风细雨的轻快感。

(三)造型与服装设计

服装的造型可分为外造型和内造型,外造型主要是指服装的轮廓剪影,内造型是指服装内部的款式,包括构线、领型、袋型等。服装的外造型是设计的主体,内造型设计要符合整体外观的风格特征,内外造型应该相辅相成。

1. 把握住外轮廓的形态

服装作为直观形象,首先呈现在人们视野的是剪影式的轮廓——外形线,它不仅表现了服装的造型风格,也是代表人体美的重要手段。决定外形线主要部分是肩、腰、底边线、围度。

2. 掌握结构线的设计

结构线是指体现在服装各个拼接部位,构成服装肢体体态的线,主要包括省道线、开刀线等,服装结构线是依据人体运动而确定的,因此要具备舒适、合适、便于行动的性能,在此基础上,还应使服装具有装饰美感和谐统一的风格。

任务二 观体色寻找自我的专属色彩

一、色彩定义

色彩可定义为通过视觉对光产生的知觉现象。那什么是"色"呢？简单来说，就是当光线照射到物体后使视觉神经产生感受，而有色的存在。

二、色的构成

色的构成三要素包括被观察的物质、光的存在、观测者的感受。

三原色，就是指这三种色中的任意一色都不能由另外两种原色混合产生，而其他色可由这三色按照一定的比例混合出来，色彩学上将这三个独立的色称为三原色。人眼对红、绿、蓝最为敏感，人的眼睛像一个三色接收器的体系，大多数的颜色可以通过红、绿、蓝三色按照不同的比例合成产生。同样，绝大多数单色光也可以分解成红、绿、蓝三种色光，这是色度学的最基本的原理，也称三原色原理。

三原色的原理可解释如下：①自然界的任何颜色都可以由三种颜色按不同的比例混合而成，而每种颜色都可以分解成三种基本颜色；②三原色之间是相互独立的，任何一种颜色都不能由其余的两种颜色来组成；③混合色的饱和度由三种颜色的比例来决定，混合色的亮度为三种颜色的亮度之和。

三、色彩的分类

在千变万化的色彩世界中，人们视觉感受到的色彩非常丰富，按种类分为原色、间色和复色；就色彩的系别而言，则可分为无彩色系和有彩色系两大类。

（一）按种类分类

1. 原色

色彩中不能再分解的基本色称为原色，原色能合成出其他色，而其他色不能还原出本来的颜色。原色为红、绿、蓝。

2. 间色

由两个原色混合得到间色，间色也只有三种，即红、黄、青（湖蓝）。

3. 复色

颜料的两个间色或一种原色和其对应的间色（红与青、黄与蓝、绿与红）相混合得复色，亦称第三次色。复色中包含了所有的原色成分，只是各原色间的比例不等，从而形成了不同的红灰、黄灰、绿灰等灰调色。

（二）按色系分类

1. 有彩色系

有彩色系指包括在可见光谱中的全部色彩，它以红、橙、黄、绿、青、蓝、紫等为基本色。有彩色系中的任何一种颜色都具有三大属性，即色相、明度和纯度，也就是说，一种颜

色只要具有以上三种属性都属于有彩色系。

2. 无彩色系

无彩色指由黑色、白色及黑白两色相融而成的各种深浅不同的灰色系列。无彩色系按照一定的变化规律,由白色渐变到浅灰、中灰、深灰直至黑色,色彩学上称为黑白系列。黑白系列中由白到黑的变化,可以用一条垂直轴表示,一端为白,一端为黑,中间有各种过渡的灰色。

无彩色系的颜色只有明度上的变化,而不具备色相与纯度的性质,也就是说它们的色相和纯度在理论上等于零。色彩的明度可以用黑白度来表示,愈接近白色,明度越高,越接近黑色,明度愈低。

四、色彩属性

(一)色相

色相即每种色彩的相貌、名称,如红、橘红、湖蓝、群青等,色相是区分色彩的主要依据,是色彩的最大特征。

(二)明度

明度即色彩的明暗差别,也即深浅差别,色彩的明度差别包括两个方面:一是指某一色相的深浅变化,如粉红、大红都是红,但一种比一种深;二是指不同色相间存在的明度差别,如六标准色中黄最浅,紫最深,橙和绿、红和蓝处于相近的明度之间。

(三)纯度

纯度即各色彩中包含的单种标准色成分的多少,纯色的色感强,所以纯度亦是色彩感觉强弱的标志。不同色相所能达到的纯度是不同的,其中红色纯度最高,绿色纯度相对低些,其余色相居中,同时明度也不相同。

五、色彩形象

色彩有着它们固有的特性,因此在深入了解色彩带给人们的联想和其象征性的基础上,我们就可以把这些色彩融入充满个性和魅力的形象之中了。

(一)红色

红色是波长为 610 纳米～750 纳米、类似新鲜血液的颜色,是三原色和心理原色之一。红色代表着积极乐观,情绪波动大起大落,真诚主动,善于表达,富有感染力。红色象征着吉祥、喜气、热烈、奔放、激情、斗志、革命。

由于红色在可见光谱中光波最长,所以最为醒目,给人视觉上一种迫近感和扩张感,容易引发兴奋、激动、紧张的情绪。由于色相、明度、纯度的不同,不同红色用在服饰上会产生不同的心理效应,如大红热情向上,深红质朴稳重,紫红温雅柔和,桃红艳丽明亮,玫瑰红鲜艳华丽,葡萄酒红深沉幽雅,粉洋红给人以健康、梦幻、幸福、羞涩的感觉,富有浪漫情调。

红色用在服饰上,无论男女老幼,都给人以青春活力、热情奔放、积极向上的感觉,红色是时装的常用色彩,尤其女性时装和童装较多使用。

知识链接

中国人的红色情结

为什么在南北民俗中,都有在本命年挂红避邪躲灾的传统?为什么中国民间春节家家户户门上贴的春联都统统是"中国红"?为什么当今世界上现存规模最大、建筑最雄伟、保存最完整的古代宫殿紫禁城的门和墙都是红色的?为什么被称为人生中三大喜事的结婚、状元登第、新生命的诞生,都要用红色来表示?为什么中国人如此钟情于红色?

在中国,红色象征幸运和快乐,起源于对太阳神和大地之神的崇拜。中国人偏爱的颜色以红色排首位,红色自远古时起,就代表火的颜色和生命的颜色。因此,原始人即奉红为上色。依中国五行学,五种物质为金、木、水、火、土。东方甲乙木,其颜色相应为绿色;南方丙丁火,对应颜色为红色;西方庚辛金,对应颜色为白色;北方壬癸水,颜色对应为黑色;中央戊己土,颜色对应为黄色。周代冕服中十二文章施以五色,其中就有红色。在舄中,以赤舄为上,即红鞋才能与冕服最配,可见周朝时人就尚红。其实红色最早不是统治者最推崇的颜色,早在远古时代,我们的祖先曾用过黄色代表吉庆,也曾用过黑色和白色代表吉庆。到了汉朝,汉高祖称自己是"赤帝之子",赤,就是红色,从那时起,红色就成了人民崇尚的颜色。汉朝以后,我国各地崇尚红色的风俗习惯已基本趋向一致,并一直沿袭下来。因此,红色为中国吉祥色,能给人们带来安定和幸福,避邪消灾。红色还是官服中官品高的人才能用的颜色,三品以上才能用绯色,五品以上为红色,民间没有喜庆之节,是不能随便用正红的颜色的。皇族中推崇红色,明朝规定,凡送皇帝的奏章必须为红色,称为红本,清朝的制度规定,凡经皇帝批定的文章统用朱书批发,也称为红本,皇帝的批文称为朱批,朱批具有无上的权威性。红色代表权威性这种象征意义一直延续到今天,现在凡重要的文件就用红色字体标注题头,称为"红头文件"。

中国女子爱红妆。据记载,纣王爱将凝固的花汁给宠妻爱妾染指甲和化妆面容,因这种化妆品最早源于燕国,所以后人就把它叫作"燕脂"(后变为胭脂)。远在汉代,中国女子已广泛使用口红。从两千多年前的前汉长沙马王堆一号汉墓中出土的漆器梳妆箱中,除有发绺、梳子和香粉外,还发现有胭脂。唐代还流行"红妆"、"朱脸"和"红脸",这是女子在化妆前先在脸部抹上白粉,再涂上红色胭脂。据传说,杨贵妃去后宫同双亲告别时,泪水纵横,临上车时,因天气寒冷,脸上的泪水竟冻结成红色的薄冰呢!不仅是古代,直到现在中国女子依旧喜欢红色,红色焕发出了真正的东方风情。

红色也看作是革命的颜色。共产党人领导的革命,以红为标识:红旗指引,红标语鼓动,组织红色政权,得到的天下叫红色江山。新中国的胜利是用鲜红的血换来的,红色是火焰,是鲜血。"东方红,太阳升,中国出了个毛泽东。"这是在中国陕北民歌基础上创造的革命歌曲《东方红》中的第一句。红色不仅是现代中国旗帜的颜色,也是中国古代旗帜的颜色。

在中国人的眼里,红色就是太阳,它给人以生机和活力。在中国人的心里,红色就是血液,它象征着生命和希望。

中国人的红色审美心理,非常朴实。太阳出来了,红光满天,照亮万物,温暖人间。鲜红的血液在中国人的体内流淌着,红色的审美观世代相传,生生不息……

(知识来源 https://zhidao.baidu.com/question/1509715042251110700.html.)

(二)黄色

黄色是由波长为 570 纳米~585 纳米的光线所形成的颜色,是绿色和红色的结合色。黄色是暖色,黄色的波长适中,是所有色相中最能发光的色,给人轻快、透明、辉煌、充满希望和活力的色彩印象。它有大自然、阳光、春天的含义,通常被认为是一个快乐和有希望的色彩。而且黄色是一个高可见的色彩,因此,它被用于健康和安全设备以及危险信号中。

中国从宋朝以后,明黄色是皇帝的专用颜色,如"以黄为贵"。腹围是一种围腰、围腹的帛巾,其繁简不一,颜色以黄为贵,时称"腰上黄"。黄色是黄金的颜色,因此也有财富的含义。

(三)蓝色

蓝色是红绿蓝光的三原色之一,在这三种原色中它的波长最短,为 440 纳米~475 纳米,属于短波长。蓝色是永恒的象征,它的种类繁多,每一种蓝色又代表着不同的含义。蓝色是较冷的颜色,是非常纯净的颜色,通常让人联想到海洋、天空、水、宇宙。它表示秀丽、清新、宁静、忧郁、豁达、沉稳、清冷。在许多国家警察的制服是蓝色的,警车和救护车的灯一般也是蓝色的,因为蓝色有勇气、冷静、理智、永不言弃的含义,许多空军和海军的军装也是蓝色的。

蓝色的情侣色是红色,在西方蓝色一般是男孩的颜色,女孩一般用红色。有意思的是,这个习惯是从第一次世界大战后才开始的,在此之前,蓝色是女孩的颜色,而红色是男孩的颜色。

(四)橙色

橙色是电磁波的可视光部分中的长波,波长为 590 纳米~610 纳米,是界于红色和黄色之间的混合色,又称橘黄或橘色。橙色是欢快活泼的光辉色彩,是暖色系中最温暖的颜色,它使人联想到金色的秋天、丰硕的果实,是一种富足、快乐而幸福的颜色。橙色在空气中的穿透力仅次于红色,而色感较红色更暖,最鲜明的橙色应该是色彩中感受最暖的颜色,能给人庄严、尊贵、神秘的感觉,不过橙色也是比较容易造成视觉疲劳的颜色。

橙色与浅绿色和浅蓝色相配,可以构成最欢乐的色彩,橙色与淡黄色相配有一种很舒服的过渡感。由于橙色非常明亮刺眼,有时会使人有负面低俗的意象,这种状况尤其容易发生在服饰的运用上,所以在运用橙色时,要注意选择搭配的色彩和表现方式,才能把橙色明亮活泼的特性发挥出来。

(五)绿色

绿色是电磁波的可视光部分中的中波长部分,波长为 492 纳米~577 纳米。绿色是自然界中常见的颜色,意义为清新、希望、安全、平静、舒适、生命、和平、宁静、自然、环保、成长、生机、青春。

一个柠檬绿可以让一个设计很潮,橄榄绿则更显平和,而淡绿色可以给人一种清爽的春天的感觉。用蓝色搭配绿色可以传递一种水的感觉;添加米色或者褐色则可以展现一种泥土的气息;白色加绿色是新鲜和户外的感觉;紫色和绿色是奇妙的搭配,紫色神秘又成熟,绿色代表希望和清新。绿色在中国文化中有生命的含义,也是春季的象征。

（六）紫色

紫色在科学上包括两种不同的颜色:①指可见光中波长比蓝色更短,波长为380纳米～420纳米的一段,也是人类从光谱中所能看到波长最短的光,比其波长更短的称为紫外线;②指由红色(610纳米～760纳米)和蓝色(450纳米～485纳米)融合的色彩,用红、蓝两种颜料混合得出的色彩就是紫色。

紫色是由温暖的红色和冷静的蓝色融合而成,是极佳的刺激色。紫色是一个神秘、富贵的色彩,与幸运和财富、贵族和华贵相关联。紫色跨越了暖色和冷色,所以可以根据所结合的色彩创建与众不同的情调。带些红色的深紫色可以产生一个暖色盘,而浅紫色常常会使人联想到浪漫,当结合粉色的时候,可以创建一个很女性化的色盘。

紫色似乎是色环上最消极的色彩,尽管它不像蓝色那样冷,但红色的渗入使它显得复杂、矛盾,它处于冷暖之间游离不定的状态,加上它的低明度的性质,也许就构成了这一色彩在心理上引起的消极感。

（七）棕色

棕色是中国传统的色彩,棕毛的颜色,即褐色,棕色常被联想到泥土、自然、简朴,它给人可靠、有益健康的感觉。

棕色往往令人难以界定,它的出现总是让人迷迷糊糊,难以定出真正色位,不过,深色的棕色,看起来与咖啡色相似。棕色其实可以作为一个基本色来处理,每个人的衣柜里总有白色、黑色的衬衣,而棕色跟它们的角色相同,同样是永恒的衬衣之选。

棕色搭配绿色是很有泥土气息的,而棕色搭配薄荷绿会显得很潮,黄色和橙色可以为暗褐色增亮而且看起来依然很"大自然"。

（八）白色

白色是一种包含光谱中所有颜色光的颜色,通常被认为是"无色"的,白色的明度最高,九色相。

白色是光明、纯洁的象征色,象征着和平与神圣,白色明亮、干净、畅快、朴素、雅致、贞洁,但它没有强烈的个性。

白色是一个中立的颜色,常常被用作背景色。白色包括古董白、乳白色、亚麻白、米白色、纸色、雪白、珍珠白以及象牙白,它们会比纯白色显得更温和或不那么僵硬。

在明暗层次中,白色最为明亮,由于它能反射太阳光,而吸收的热量较少,因而是夏季的理想服色。

（九）黑色

黑色可以定义为没有任何可见光进入视觉范围的颜色,和白色相反,白色是所有可见

光光谱内的光都能同时进入视觉范围内。颜料如果吸收光谱内的所有可见光,不反射任何颜色的光,人眼的感觉就是黑色的。

黑色神秘、黑暗、暗藏力量,它将光线全部吸收却没有任何反射。黑色和白色的搭配,是永远都不会过时的,一直都处于时尚的前沿。同时,黑白两色是极端对立的色,白色与黑色都可以表达对死亡的恐惧和悲哀,都具有不可超越的虚幻和无限的精神,黑白又总是以对方的存在显示自身的力量。黑色似乎是整个色彩世界的主宰。

从服装黑色元素使用的角度出发,经过对不同时期、不同民族的调查研究,无论是在东方还是西方,黑色始终是服装中永恒的话题。黑色的明度最低,黑色服装多数出现于悲哀、庄严、肃穆的场合中,以其高雅的格调,华贵而又饱含质朴的意蕴,诠释着现代人们含蓄的浪漫情怀。

六、色调

色调指的是画面中色彩的总体倾向,是大的、整体的色彩效果。在大自然中,我们经常见到这样一种现象,不同颜色的物体或被笼罩在一片金色的阳光之中,或被笼罩在一片轻纱薄雾似的、淡蓝色的月色之中,或被秋天迷人的金黄色所笼罩,或被统一在冬季银白色的世界之中。这种在不同颜色的物体上,笼罩着某一种色彩,使不同颜色的物体都带有同一色彩倾向,这样的色彩现象就是色调。

色调是由物体反射的光线中以哪种波长占优势来决定的,不同波长产生不同颜色的感觉,色调是颜色的重要特征,它决定了颜色本质的根本特征。

色调不是指颜色的性质,而是对一幅绘画作品的整体颜色的概括评价。在明度、纯度(饱和度)、色相这三个要素中,某种因素起主导作用,我们就称之为某种色调。通常可以从色相、明度、冷暖、纯度四个方面来定义一幅作品的色调。

色调在冷暖方面分为暖色调与冷色调:红色、橙色、黄色为暖色调,象征着太阳、火焰;蓝色为冷色调,象征着森林、大海、蓝天;黑色、紫色、绿色、白色为中间色调。暖色调的亮度越高,其整体感觉越偏暖,冷色调的亮度越高,其整体感觉越偏冷。冷暖色调也只是相对而言的,譬如说,红色系当中,大红与玫红在一起的时候,大红就是暖色,而玫红就被看作冷色,又如,玫红色与紫罗兰色同时出现时,玫红就是暖色。

七、寻找属于自己的色彩

个人色彩理论是用来判断适合自己的色彩体系,如今已经享有很高的知名度。20世纪初,约翰内斯依顿教授开始进行色彩分析,个人色彩的概念由此产生,1982年,美国的罗伯特道尔把色彩的基本色调概念引入室内装潢领域,从此之后,色彩配色系统开始广为流传。四季色彩理论是当今国际时尚界十分热门的话题,它由色彩第一夫人卡洛尔·杰克逊女士发明,并迅速风靡欧美,后由佐藤泰子引入日本,研制成适合亚洲人的颜色体系。1998年,该体系由色彩顾问于西蔓女士引入中国,并针对中国人的特征进行了相应的改造。四季色彩理论给世界各国女性的着装带来巨大的影响,同时也引发了各行各业在色彩应用技术方面的巨大进步。玛丽·斯毕兰女士在1983年把原来的四季理论根据色彩的冷暖、明度、纯度等属性扩展为十二色彩季型理论,而刘纪辉女士引进并制定的黄种人十二色彩季型划分与衣着风格单位标准成为世界人种色彩季型划分与形象指导的国际标准,填补了世界人种色彩形象指导理论的空白。

个人色彩立足于色彩的基本色调,色彩的基本色调是指在整个色彩中带来共同感的色彩搭配。从整体来讲,可以分为蓝色气氛的蓝色基调和黄色气氛的黄色基调,季节色彩理论就是以这两种色彩基调运用于肤色开始的。

分析个人色彩最基本的目的是,通过诊断而寻找到一个适合的颜色,让肤色显得更加健康。人体是有颜色的,根据皮肤、头发、眼睛的颜色,可以判断出适合此人的颜色。如果将这种颜色应用到服装服饰上,将对塑造适合自己的美丽形象有很大的帮助。

(一) 三基色理论

1. 肤色

肤色,是指人类皮肤表皮层因黑色素、原血红素、叶红素等色素沉着所反映出的皮肤颜色。肤色在不同地区及人群有不同的分布,在高寒的北欧(寒带),人们不会受到烈日的暴晒,身体的黑色素很少,所以肤色多呈白色;而赤道处阳光集中的热带,常受到强烈的日光(紫外线)照射,身体经调节产生大量黑色素,以保护皮肤,呈黑或棕黑色;温带则呈中性的黄色或棕黄色。

2. 发色

发色是指毛发的颜色。肤色较深适合的发色为金色、浅棕色;肤色发黄适合的发色为酒红色、蓝黑色、暗褐色;肤色发红适合的发色为深绿色、暗紫色、暗褐色。

3. 瞳孔色

在个人色彩诊断体系中,瞳孔的颜色指的是虹彩的颜色,虹彩也包含很多黑色素。白色人种瞳孔呈现青色、灰色等,而东方人等瞳孔基本上呈黑色、深棕色或褐色。

(二) 季节色彩理论

1. 春季型人的特征及色彩着装

春季型人给人的第一印象大多是有一种阳光抚育的明媚,白皙光滑的脸上总是透着珊瑚粉般的红润,明亮的眼睛好像永远都显露出不谙世事的清纯,春季型人是朝气而充满活力的。

1) 春季型人的身体色特征

肤色:浅象牙色、粉色,肤质细腻,具有透明感;脸上呈现珊瑚粉色、鲑鱼肉色、桃粉色的红晕。

眼睛:眼珠呈明亮的茶色、黄玉色、琥珀色,眼白呈湖蓝色,瞳孔呈棕色。

眼神:活跃,有如玻璃珠般透亮、灵活,感觉水汪汪的。

毛发:呈柔和的黄色、浅棕色,明亮的茶色。

嘴唇:呈珊瑚红色、桃红色,自然唇色较突出。

2) 春季型人的色彩搭配原则

(1) 春季型人的用色范围。组成春的色彩是一群清澈、鲜艳、靓丽、透明、带黄调的暖色群,它象征着春天的清新和朝气,春季型人在这一组轻快、明丽的服饰色彩的映衬下,会显得神采奕奕。

(2) 春季型人的化妆要点。保留自身皮肤的天然优势,粉底薄而透明为宜,眼影浅淡柔和,突出睫毛,强调口红,妆面淡而干净。

春季型的人与大自然的春天色彩有着完美和谐的统一感,他们往往有着玻璃珠般明亮的眼眸与透明的皮肤,神情充满朝气,给人以年轻、活泼、娇美、鲜嫩的感觉。春季型的人用鲜艳、明亮的颜色打扮自己,会比实际年龄显得年轻。春季型人适合浅淡的、轻柔的、明亮的颜色。

春季型人适合的白色是泛黄色调的象牙色;可以广泛使用的颜色是明亮的、轻柔的黄色;最适合的柔美颜色是浅鲑肉色、桃粉色,可充分表现女性的温柔;选择驼色时应为浅驼色,可与浅蓝色、浅绿松石色相配;在选择红色系时不要过于纯正,最好偏橙色、橘色一些;春季型人在选择紫色时,要尽量挑选与色本一致的、有黄色调感觉的紫罗兰色;蓝色要选择有光泽感的色调,忌用黑色、藏蓝色、深灰蓝、蓝灰色,穿蓝色时与暖灰、黄色系相配为最佳;春季型色本中没有黑色,但可用色本中较重的蓝色或棕、驼色来代替。

春季型人的服饰基调属于暖色系中的明亮色调,用黄基调扮出明亮可爱的形象,如同初春的田野,微微泛黄。服饰中的画龙点睛之笔是春季色彩群中最鲜艳亮丽的颜色,如亮黄绿色、杏色、浅水蓝色、浅金色等,都可以作为主要用色穿在身上,突出轻盈朝气与柔美魅力同在的特点。

在色彩搭配上应遵循鲜明、对比的原则来突出自己的俏丽。

2. 夏季型人的特征及色彩着装

夏季型人大多温柔、贤淑,文静的脸上,往往呈现出玫瑰粉的红晕,宁静、柔和的眼神仿佛永远都在诉说着安稳而平静的生活,她们是最具女人味的一族,炎热的夏天带给我们的是对凉爽的渴望,而夏季型的女人便会给我们一份远离浮躁的清凉。

1) 夏季型人的身体色特征

肤色:柔和的米色、小麦色、健康色、褐色,脸上呈现玫瑰粉的红晕,容易被晒黑。

毛发:柔和的深棕色、褐色,柔软的黑色。

眼睛:眼珠呈现深棕色、玫瑰棕色,眼神柔和。

嘴唇:发紫、发粉。

2) 夏季型人的色彩搭配原则

(1) 夏季型人用色范围。夏季型人适合穿深浅不同的各种粉色、蓝色和紫色,以及有朦胧感的色调,用蓝基调扮出温柔雅致的形象。在色彩搭配上,最好避免反差大的色调,适合在同一色系里进行浓淡搭配,或者在蓝灰、蓝绿、蓝紫等相邻色系里进行浓淡搭配。夏季型人非常适合蓝色系,颜色的深浅程度应在深紫蓝色、浅绿松石蓝之间把握,深一些的蓝色可作大衣、套装,浅一些的蓝色可做衬衫、T恤衫、运动装或首饰,但注意夏季型的人不太适合藏蓝色。

(2) 夏季型人佩饰用色。可以选择夏季型人用色范围中蓝色系、玫红色系的颜色,饰品适合珍珠、白金、钻石以及水晶等。

(3) 夏季型人各季节着装原则。

①夏季型人春秋装配色。夏季型人的春秋装适合选用中明度、中彩度的颜色,与季节相符,夏季型人的春装宜选择色谱中鲜亮一些的粉紫色系、绿色系与灰色、蓝灰色、灰蓝色搭配;夏季型的秋装宜选择夏季色谱中饱和度高一些的玫红色、紫色系与蓝色系搭配。

②夏季型人冬装配色。夏季型的冬装适合选用明度低、彩度高的颜色,蓝灰色、玫红色、酒红色、紫红色都是夏季型人可选用的大衣的颜色,夏季型的色谱颜色偏冷,因此在冬

季应多选择一些温暖的红色系。

（4）夏季型的化妆要点为，柔和的淡妆，强调眉毛的精致，眼影轻柔淡雅，口红不宜过浓，总之夏季型人的妆面要浅淡透明。

3. 秋季型人的特征及着装色彩

秋季型人端庄而成熟，匀整而瓷器般的皮肤、沉稳的眼神给人一种处事不惊的平稳，她们是生活中最具都市品位的女性一族，正如大自然的秋天带给我们的浓郁、丰盈一般，秋季型人是华丽而富饶的。

1）秋季型人的身体色特征

肤色：匀整而瓷器般的象牙色、褐色、土褐色、金棕色，脸上很少有红晕。

毛发：褐色、深棕色、金色、发黑的棕色。

眼睛：浅琥珀色、深褐色、石油色，眼神沉稳。

嘴唇：泛白，一部分人为深紫色。

2）秋季型的色彩搭配原则

秋季型人属于暖色系，适合穿着以黄色为主色调的各种浓郁的、华丽的、自然生态的颜色，适合带光泽感的颜色。

秋季型的着装以浓郁的金色调为主；适合的白颜色是白哔叽色；适合深色调发光的丝绸和锦缎；适合驼色系，可与橙色、米色、象牙色相搭配，在较正式的场合可以突显秋季型人的成熟；秋季型表现时尚的感觉可选用凫蓝、橙色与棕色系进行搭配；在夏天适合哔叽色、鲑肉色、深桃色、芥末黄、绿玉色、麝香葡萄绿；秋季型穿着深深浅浅的绿色十分出彩，都市味道浓的毛衣可选苔绿色，正装可选森林绿；秋季型人的晚装适合金色、绿松石色、橙红色，与金色的饰品相配，可突显华贵。

4. 冬季型人的特征及着装色彩

冬季型人外向而热情，明亮锐利的眼睛给你一种干练而张扬的印象，她们是生活中最出众的一族，正如大自然冬天冰与火的对立，冬季型人是敢爱敢恨和魅力十足的。黑发白肤与眉眼间锐利鲜明的对比给人深刻的印象，充满个性、与众不同。

1）冬季型人的身体色特征

肤色：偏白、偏青底调，有光泽，从很浅的青白到暗褐色，脸上没有红晕。

毛发：发质较硬，光泽感好，黑色、带红基色的黑褐色、深灰色，头发较早呈灰白色是冬季型人的典型特点。

眼睛：黑白对比分明，眼珠呈黑色、深棕色、黑褐色、榛子褐色或灰色，眼白呈冷白色，瞳孔呈深褐色、焦茶色、黑色，目光坚定、锐利、有神，给他人以强烈的距离感。

嘴唇：深紫色、冷粉色。

2）冬季型人的色彩搭配原则

色彩基调要体现"冰"色，适合以冷峻惊艳为基调的颜色，冰蓝、冰粉、冰绿、冰黄等皆可作为配色点缀其间。属于冷色系的她们适合穿纯正、鲜艳、有光泽感的颜色。在各国国旗上使用的颜色，都是冬季型人适合的色彩，比如倒挂金钟紫、明黄、正红、正绿、宝石蓝。只有冬季型女性才能真正很好地配上黑色、白色、灰色。纯白色是国际流行舞台上的惯用色，通过巧妙的搭配，会使冬季型人神采奕奕。冬季型人穿黑色时，一定要有丝巾或衬衣领配上银色系耳饰，这样明丽的感觉才能体现出来。深浅不同的灰色冬季型人都能穿用，与色彩群中的玫瑰色系搭配,可体现出冬季型人的都市时尚感。选择红色时,可选正红、酒红和纯正的玫瑰红。藏蓝色也是冬季型人的专利色,适合作套装、毛衣、衬衫、大衣的用色。冬季型人也适合以蓝、紫为基调的纯正饱和的颜色。

总之,人体是有色的,不仅如此,人体还是一个天然的配色系统,肤色配着发色,眼珠色配着眼白色,红晕色配着唇色,唇色配着齿色。所谓配色,就是根据需要,和谐地处理色与色之间的关系,若信息明确,便是好处理的。配色不仅指去配那些饱和而耀眼的颜色,还要根据需求,去指挥调动所有该出现的颜色,并确保它们之间的平衡,而配色,首先必须找到依据——体色关系强烈,长得浓眉重目,身上就需要同样强烈对比的色关系;体色关系柔和,长得云淡风轻,身上就需要柔和的色关系。原则上来说,体色上呈现什么样的色搭配法则,身上的服饰就应该呈现类似的色搭配法则。配色是一门和谐的关系学,因为存在关系,才需要搭配。

案例分析

观看图5-1中(a)、(b)两张图的直观感受——图(a)整体感觉土气、胖,图(b)凸显出这位女士的高贵、个性、丰满。

黑色人种的用色一定要讲究,要与款式结合好。图(a)的橘色和女士棕黑色的皮肤几乎没有反差,而图(b)的白色的选择可以形成强烈对比。

黑色人种的人,肌肉比较紧实、皮肤相当细腻,服装选用的面料质感也特别需要注意。图(a)的亮光面料会更显身体的强壮和臃肿,图(b)的面料质感哑光,有一定厚度、硬度,显示出女士的高贵。

服装的款型上,图(a)想凸显女性的身材曲线而运用无修饰的包裹全身的设计,反而没有图(b)适当在下摆稍稍廓形的设计更加妩媚动人。

(a)　　　　　　(b)

图5-1　图片对比

任务三　观体形寻找与自身相应的服饰款式

一、了解五官

脸型是指面部的轮廓，脸的上半部是由上颌骨、颧骨、颞骨、额骨和顶骨构成的圆弧形结构，下半部取决于下颌骨的形态。这些都是影响脸型的重要因素，颌骨起到了很重要的作用，决定了脸型的基础结构。

（一）分类方法

脸型的分类方法很多，在我国古代的绘画理论和面相书中就有各种各样的分类法，并对脸型赋予了人格的内容。下面是几种常见的脸型分类法。

1. 形态法

波契（Boych）将人类的脸型分为十种：①圆形脸型；②椭圆形脸型；③卵圆形脸型；④倒卵圆形脸型；⑤方形脸型；⑥长方形脸型；⑦梯形脸型；⑧倒梯形脸型；⑨菱形脸型；⑩五角形脸型。

2. 字形法

中国人根据脸型和汉字的相似之处通常分为八种：①国字形脸型；②目字形脸型；③田字形脸型；④由字形脸型；⑤申字形脸型；⑥甲字形脸型；⑦用字形脸型；⑧风字形脸型。

3. 亚洲人法

根据亚洲人脸型的特点分为八种类型：①杏仁形脸型；②卵圆形脸型；③圆形脸型；④长圆形脸型；⑤方形脸型；⑥长方形脸型；⑦菱形脸型；⑧三角形脸型。

（二）修饰方法

脸型是决定发型的重要因素之一，而发型由于其可变性又可以修饰脸型。发型与脸型需协调配合，发型可用来弥补脸型的缺陷（见图5-2），具体方法有以下几种。

1. 衬托法

利用两侧鬓发和顶部的一部分块面，改变脸部轮廓，分散原来瘦长或宽胖头型和脸型的视觉。

2. 遮盖法

利用头发来组成合适的线条或块面，以掩盖头部和面部某些部位的不协调及缺陷。

3. 填充法

利用头发来填充细长头颈，还可借助发辫、发鬓来填补头部和面部的不完美之处，或缀以头饰来装饰。

二、了解体型

身材，一是指在直立状态下的自然身高，二是指身体的高矮胖瘦。

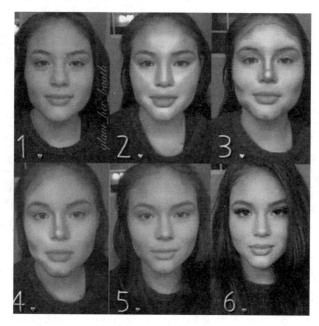

图 5-2 发型修饰

（一）身材类型

用字母的形状象征身材，字母身材类型有 A 形、V 形、O 形、H 形、X 形。

1. A 形身材

A 形身材又称为梨形身材。A 形身材的女性肩窄、腰细、臀宽、大腿丰满，脂肪主要沉积在臀部及大腿，上半身不胖、下半身胖，就像"A"字，如图 5-3 所示。A 形身材是最能体现女性优美曲线的身材。A 形身材的形成与雌激素大量分泌有关，流露出强烈的母性感。

2. V 形身材

V 形身材和 A 形身材正好相反，是肩宽、臀窄、腿细，V 形身材上半身宽大，从臀部以下越来越细，就像一个"V"字，又称 Y 形身材、T 形身材，如图 5-4 所示。

3. O 形身材

O 形身材又称为苹果形身材，最主要的外貌特征是腰围大于胸围和臀围，大量脂肪堆集在腰腹部，就像字母"O"字。O 形身材下肢纤细修长，腰腹却突出的浑圆，如图 5-5 所示。

4. H 形身材

H 形身材的特点是上下一样宽，三围曲线变化不明显，典型的筒形身材，或整体看起来并不算肥的身材，但是因为腰际肉过多，使得上半身缺乏曲线变化，这种体形胯窄、腿长，如图 5-6 所示。

5. X 形身材

X 形身材又称为沙漏型身材，X 形身材特征为胸丰、腰细、臀宽、大腿丰满，是拥有曼妙腰胯线的完美身材，因此又称为 S 形身材，如图 5-7 所示。X 形身材的女性在西方人中的比例为 27%，而在亚洲，这一比例仅为 11%。

  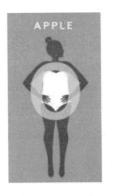 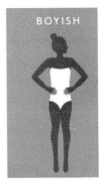

图 5-3　A 形身材　　　图 5-4　V 形身材　　　图 5-5　O 形身材　　　图 5-6　H 形身材

图 5-7　X 形身材

(二)针对不同类型的身形寻找相应的着装款型

1. A 形身材穿衣法则

A 形身材的朋友需要进行简化下身尤其是臀部和大腿的衣量,所以裤子的款式不要在臀部附近有任何复杂设计。此外,紧身衣裤、印花图案的裤子、针织面料的裤子都是不适合的,也不要系宽皮带。而在裙款方面,长裙可以遮住大腿、小腿的赘肉,同时,也要避免穿蓬蓬的碎折裙或布料硬的斜裙或 A 字裙等。

A 形身材的穿着目标在于加宽肩部,维持体型的平衡,所以色彩繁复的上衣以及层次感丰富的上装都可以作为选择。美丽的颈脖首饰、围巾都可以在视觉上创造出"转移焦点、强调重点"的效果,使臀部显得紧缩。A 形身材的女性可以选择的上装有蕾丝、印花装饰的上装、肩部有装饰的风衣、荷叶领毛衣、高领毛衣、颜色鲜艳的上衣等,要禁忌紧身的款式,上身越是收窄,就越会放大下身的特点,图 5-8 中的穿着适合 A 形身材。

2. H 形身材穿衣法则

图 5-9 中的穿着很适合 H 形身材的女生,首先是以白色为底的圆领 T 恤,上面有着

薄荷绿的波点图案,清新和谐,很适合夏天的装扮,下身是高腰牛仔裙,深蓝色,很显瘦。

图 5-8　A 形身材适合的穿着

图 5-9　H 形身材适合的穿着 1

图 5-10 中的深蓝色波点包臀裙,配上枚红色的波点,可爱之余,将长款包臀裙变得十分饱满。另外,为了修饰 H 形身材,上身搭配浅色系的单品,避免了头重脚轻,达到和谐的效果。

图 5-11 中黑色的亮片单品,让本来纯黑色的 T 恤变得特别起来,而高腰枚红色短裤,能够起到很好的转移视线的作用,从而模糊 H 形身材,让穿着者最大限度地"减肥"。

图 5-10　H 形身材适合的穿着 2

图 5-11　H 形身材适合的穿着 3

3. X 形身材穿衣法则

X 形身材又称为沙漏形身材、匀称体形,外部轮廓曲线较明显,腰围较细,属于比较理想的体形。X 形身材的人通常胸部丰满、腰部纤细、臀部圆润,这样的体形被认为是最具女人味的体形,将女性的S曲线完美地呈现出来,是拥有曼妙腰胯线的完美身材。X形身材的穿搭基本原则为突出自己的纤细的腰身。

1)紧身连衣裙

贴身的连衣裙能够完美的贴合身形,凸显女人味,如图5-12所示。

2)复古高腰裤

复古高腰裤能够很好地包裹住臀部,还能凸显腰身。

3)利用腰带

通过腰带打造各种腰身,把视觉重点放到腰上,再将纤腰的优点突出,如图5-13所示。

4)露腰装

露腰装最适合X形身材的人。

图5-12　X形身材配紧身连衣裙

图5-13　利用腰带凸显身材

4. O形身材穿衣法则

O形身材通常又称为苹果形身材,脂肪集中分布在腰臀部位,腰腹有赘肉、臀部丰满是O形身材的人的常见特征。

O形身材的人首先需要正视自己的身材,可以尝试利用一些带有天然褶皱式样的衣服,或者用腰带打造一定腰身的同时将服装在腰腹部做出适当的褶皱。另外一种整体法则是将重点转移至你的优点,扬长避短。O形身材一定要学会善用腰带,一条腰带将腰线稍稍往上提,视觉重点也随之上移,整个人才能更挺拔,如图5-14所示。

O形身材的人还可以多准备些中长款的开衫,可以将身体凸显得更直、更挺拔,O形身材的人穿裤装时高腰线一定要拉高。O形身材的人的最大优点是双腿,所以裙装能凸显优点。可多选用V领衣物,V字领可以拉长躯干的视觉效果。

5. Y形身材穿衣法则

Y形身材又称倒三角身材或是草莓身材,与纤瘦的下半身相比,上半身显得过于臃肿,容易产生头重脚轻的感觉。肩膀过宽,胸部丰满,胯窄,下肢修长、纤细是Y形身材的

图 5-14 O 形身材适合的穿着

图 5-15 Y 形身材适合的穿着

基本特征。

Y 形身材一般手臂粗壮,上半身厚重,骨架大,形成上壮下细的倒三角形结构,Y 形身材的人可选用上深下浅的穿法。

Y 形身材的女孩可以轻松自然地把衣服撑起来,穿出时尚、自信的状态,但同时注意不要突出上半身(见图 5-15)。Y 形身材的另外一个缺点就是臀窄,可以多用短款摆裙、百褶裙、裙裤等能横向增加视觉宽度的单品。铅笔裤是 Y 形身材的人用于凸显优点的单品,还可用小的饰品点缀腰线以下部位,以吸引眼球。醒目条纹、格子、印花图案的下装、蓬松的短裙可以让 Y 形身材的女孩的上半身看起来纤细不少,同时削弱了上半身和下半身的对比,整个人的比例也会显得修长。另外,U 领尤其是深 U 领也能"缩肩",U 领使颈部露出一片开阔地带,颈部修长了,肩部自然也就变窄了。

案例分析

首先请直观感受图 5-16 中两张图片带给你的不同感受——图(a)相对陈旧、稍显老成;图(b)相对时尚、年轻化。

图(a)将所有注意力集中在领带和鞋子上,整体感缺乏;图(b)整体感强,较和谐。

这位男士额头宽阔、饱满,但如果如图(a)的发型在额头处不加修饰,更显其宽阔,而忽略了帅气的五官,略显颓废。

图(b)服装的款型合乎身型,会更加突显这位男士的精神、阳光、帅气。

案例分析:在现代社会的交往过程中,一个人的仪表与着装往往决定着别人对你印象的好坏,仪表与着装会影响别人对你专业能力及任职资格的判断。

如果你希望建立良好的形象,那就需要全方位地注重自己的仪表。从衣着、发式、妆容到饰物、仪态甚至指甲都是你要关心的。其中,着装是最为重要的,衣着某种意义上表明了你对工作、生活的态度。衣着对外表影响非常大,大多数人对另一个人的认识,可以

图 5-16　着装对比

说是从其衣着开始的。于西蔓女士曾说,形象是一生的战略问题,美是学出来的,不是悟出来的,长得不美,才有打扮的空间,做自我形象的职业经理人,请把你的美丽发挥得淋漓尽致,更加充满自信吧!

任务四　场合着装

着装场合原则是当人置身在不同的环境、不同的场合,应该有不同的着装,要注意穿戴的服装和周围环境的和谐,根据不同的场合进行不同的着装。得体的着装不仅是个人的素质、修养和品位的体现,还表现出对工作的热爱,也是单位形象和企业文化的一种外在表现。穿戴整齐,能够体现生机勃勃、奋发向上的精神面貌。

一、女士穿着规则

(一)正式场合的着装礼仪

正式场合中,应该选择正式的职业套装,较为宽松的职业环境,可选择造型感稳定、线条感明快、富有质感的服饰,以较好地突出职业女士的特征。

在工作场所,女士不要穿超短裙、时装裤和颜色过艳、款式暴露的服装,要避免内衣外现,不穿凉拖、超高跟鞋,要穿丝袜,但是不能穿网状丝袜以及黑色丝袜。要注意上衣和下衣及鞋子的整体协调搭配,并注意服装与发型、妆容、手袋、鞋子相统一,所有的饰品不宜夸张,整体搭配要表现女性自信、干练的职业风采。

知识链接

戒指暗示的情感现状

戴在中指上,表示正在恋爱中;戴在无名指上,表示已订婚或者结婚;戴在小手指上,表示自己是个独身者;戴在食指上,表示无偶或求偶。

(二)休闲场合的着装礼仪

在业余时间里,人们穿衣服一般本着这样一种原则:怎么舒服就怎么穿。若是待在家里,这种原则当然无可非议。但是,如果要出现在公共场合,就不能这样随意了,即便如此,在业余时间也不能穿着过于随意。

休闲装属于非正式场合穿着的服装,主要是指无领、宽松、舒适、得体的服装,以及运动服、牛仔服、沙滩服等,从面料、款式上体现了服饰与人体之间更亲密、更自由、更从容的特征。面料多天然、优质,色彩较亲切、柔和,易于吸汗,不需要熨烫等复杂打理,因此,深受大众喜爱。

(三)社交场合的着装礼仪

1. 喜庆场合

喜庆场合具有气氛热烈、情绪昂扬、欢乐喜庆的特点,服饰上应注意以下两个方面。

1)色彩要丰富

女性可以选择适合自己颜色的连衣裙或裙套装,但身份不同,着装也要有一定的差异。一般来说,主人最好不要穿得太华丽或太暴露,色彩也不要太鲜艳,以免给人以不庄重的印象,穿得略为淡雅一些,会使人感到舒服、自然。假如是客人,可以穿得欢快、喜气、鲜艳一些,不过在参加朋友的婚礼时,应注意打扮得不要过于出众、耀眼,以免发生误会。如果是随意的喜庆场合,如聚会、假日游玩,色彩可以明快一些,色调搭配也可以多一些变化。女士除了色彩多样外,还可以佩戴饰品,并化一点淡妆。

2)款式要新颖得当

喜庆的场合正是女性展示各种时装的机会,可以根据季节、自身的特点、活动性质的不同,选择自己喜欢的款式,既可以穿正装或民族服饰,也可以穿长裙或长裤,还可以穿旗袍等。

2. 庄重场合

庄重场合如庆典仪式、正式宴请、会见外宾等,服饰方面一般都有比较严格的要求,一般庄重场合需注意以下三方面。

1)按照规定着装

一些重大的宴会、庆典等,凡是在请柬上规定要穿礼服的,一定要按照规定穿礼服。如果请柬上没有具体着装规定,参加者也应该穿比较肃静、正式的服装。庄重场合女士可以穿各式套装、晚礼服或旗袍、长裙等，从服饰上显示出自己的高雅气质、风度和修养。

2）按规范着装

出席重大宴会、庆典、会见等，不能赤脚穿凉鞋。

3）注意着装礼貌

如手不能插在衣服兜里，室内不能戴墨镜等。

 案例分析

自尊心被自己深深地伤了一回

说起穿衣礼仪，有一段至今让我无法忘记的尴尬经历，从某种程度上来讲甚至是一种屈辱。记得我刚进杂志社不久，领导安排我去采访一位民营企业的老总，该老总为女性。听说她是一位既能干又极有魅力的女性，对工作一丝不苟，对生活却是极其享受，最关键的是，即使再忙，她也不会忽视身边美好的东西，尤其是对时尚非常敏感，对自己的衣着及礼仪要求极高。这样的女性，会让很多人产生兴趣，还未见到她，我已经开始崇拜她了，所以我非常高兴能由我来做这个专访。我做了大量的准备工作，采访纲要修改了多次，内心被莫名的激动驱使着。那几天，我始终处于兴奋状态。到了采访当天，穿什么衣服却让我犯愁，要面对这样一位重量级的人物，尤其是位时尚的女性，当然不能太落伍了。

说实在的，我从来就不是个会打扮的女孩，因为工作和性格的关系，平时穿衣都是怎么舒服怎么穿。时尚杂志倒也看，但也只是凑热闹而已，现在，还真不知道应该穿什么。终于在杂志上看到女孩穿吊带装，那清纯可人的形象打动了我，于是迫不及待地模仿起来。那天采访，我穿了一件紧身小可爱，热裤（虽然我的腿看起来有点粗壮），梳了个在家乡极其流行的发髻，兴冲冲地直奔采访目的地。当我站在公司前台说明我的身份和来意时，我明显看到前台小姐不屑的眼神，我再三说明身份，并拿出工作证来，她才勉强带我进了老总的办公室。

眼前这位女性，高挑的身材、优雅的举止、得体的穿着，让我怎么看怎么舒服。虽然我不是很精通衣着打扮，但是这样的场合，面对这样的对象，我突然觉得自己就像个小丑，来时的兴奋和自信全没了。还好，因为采访纲要准备得充分，整个采访过程还比较顺利。结束前，我问她，日常生活中，她是如何理解和诠释时尚、品位和魅力的。她告诉我，女人的品位来自内心，没有内涵的女人，是散发不出个人魅力，也无法凸显品位的。而时尚不等同于名牌、昂贵和时髦，是一种适合与得体。说完这话，她微笑地看着我，此时，我的眼睛看到的只有眼前自己那两条粗壮的大腿，感觉自己无法正视她，采访一结束，我逃似地离开了她的办公室。

（资料来源：http://www.docin.com/p-287496549.html.）

案例分析：穿衣打扮，各有所爱，自己喜欢穿什么样的衣服是个人的事情，与别人没有关系。但是作为职场中的人来说，你的衣着不仅仅是个人的事。因为，你的衣着要和你的职业身份相符合，身上所穿的衣服，不仅代表了自己的品位，还代表着单位的形象，代表着对别人的尊重。在社交场合，从某种意义上讲，你的衣着就是一封无言的介绍信，向你的交往对象传递着各种信息，别人可以从你的衣着上看出你的品位、看出你的个性，甚至可以看出你的职业状况。著名影星索菲亚·罗兰就深有感触地说过,"你的服装往往表明你是哪一类人物,它代表着你的个性。一个和你会面的人往往会不自觉地根据你的衣着来判断你的为人"。莎士比亚也说过,"服装往往可以表现人格"。因此,服装不仅具有蔽体、挡风、御寒的作用,还可以美化人体,扬长避短,展示个性,体现生活情趣,还具有反映社会分工、体现地位和身份差异的社会作用。

爱美是人的天性,尤其是女性。但衣着是极其讲究个性的,并不是漂亮的衣服就适合所有人。女性要学会选择适合自己的衣服,搭配衣服、鞋子、发饰、化妆,使之完美和谐。

服装并非一定要高档华贵,但要保持清洁,并熨烫平整,穿起来大方得体,显得精神焕发。不同的色彩会给人不同的感受,要根据自己的肤色选择适合自己颜色的服装。饰物的佩戴能够起到画龙点睛的作用,但是佩戴时不宜过多,否则会分散人的注意力。

不同的工作性质,有不同风格的衣着打扮,因此不要完全顺应主流,最好根据工作性质和特点来选择装束。

案例中的主人公作为某杂志记者,由于刚走入社会不久,平时不注重穿着,所以分不清什么是"时尚",什么是"时髦",穿衣不会根据自己的职业、体形、审美趣味来进行选择,以为时髦的东西就是时尚。作为杂志的记者,不仅不能引领时尚,反而使自己的衣着打扮与职业、身份不相符,缺乏应有的审美品位,所以难免遭遇了前台小姐鄙视的眼光,让自己陷入尴尬。根据惯例,在对外的正式交往中,每个人都必须时时刻刻注意维护自己的形象,特别是给初次见面的人的第一印象。

3. 悲伤场合

悲伤场合是指参加遗体告别、葬礼等活动的场合,悲伤场合着装一定要肃穆、素雅,颜色最好是黑色或深色,衬衫也应该是白色或素色。在款式上,参加者的服装要有一种庄严感,与肃穆、悲哀的气氛相协调,而不是穿各类宽松的服装、太暴露的服装或便装,也不宜穿有花边、刺绣或飘带之类的服饰。

在悲伤场合,最好不要佩戴饰品,女士不能抹口红。在举行追悼仪式时,所有参加者应该脱帽致哀。

二、男士穿着规则

(一)正式场合

男士在出席重要会议、庄重的仪式或者正式宴请等场合,一般要求身着正装。男士通常以西装为正装,一套完整的正装西装包括上衣、衬衫、领带、西裤、腰带、袜子和皮鞋。

1. 西装上衣

西装上衣要求衣长在臀围线以上1.5厘米左右处,肩宽以探出肩角2厘米左右为宜,袖长到手掌虎口处,胸围以系上纽扣后衣服与腹部之间可以容下一个拳头大小为宜。

2. 搭配西装的衬衣

长袖衬衫是搭配西装的唯一选择,颜色以白色或淡蓝色为宜。衬衫领子要挺括;衬衫下摆要塞在裤腰里内,系好领口和袖口;衬衫领口和袖口要长于西服上装领口和袖口1~2厘米;衬衣的内衣领口和袖口不能外露。如果西服本身是有条纹的,应搭配纯色的衬衣;如果西服是白色的,则衬衣可以带有简单的条纹或图案。

3. 领带

领带图案以几何图案或纯色为宜,系领带时领结要饱满,与衬衫领口吻合要紧,领带长度以系好后大箭头垂到皮带扣处为准。

4. 西裤

裤线清晰笔直,裤脚前面盖住鞋中央,裤脚后面至鞋跟中央。

5. 腰带

腰带的选择以牛皮为宜,皮带扣应大小适中,样式和图案不宜太夸张。

6. 袜子

袜子应该选择深色的,切忌黑皮鞋配白袜子。袜口应适当高些,应以坐下跷起腿时不露出皮肤为准。

7. 皮鞋

皮鞋应选择简单规整、鞋面光滑亮泽的式样。如果是深蓝色或黑色的西装,可以配黑色皮鞋;如果是咖啡色系西装,可以配棕色皮鞋。压花、拼色、蛇皮、鳄鱼皮和异形皮鞋,不适合搭配正式西装。

知识链接

西装与领带的搭配

(1) 黑色西服,采用银灰色、蓝色调或红白相间的斜条领带,显得庄重大方、沉着稳健。

(2) 暗蓝色西服,采用蓝色、深玫瑰色、橙黄色、褐色领带,显得淳朴大方、素淡高雅。

(3) 乳白色西服,采用红色或褐色的领带,显得十分文雅、光彩夺目。

(4) 中灰色西服,采用砖红色、绿色、黄色调的领带,显得另有一番情趣。

(5) 米色西服,采用海蓝色、褐色领带,显得风采动人、风度翩翩。

(二) 半正式场合

半正式场合是指上班、午宴、一般性访问等场合。这个时候可以穿中等色、浅色或较明亮的深色西服,可穿素净、文雅、与西服颜色协调的衬衫,配有规则花纹或图案的领带或是素雅的单色领带。

事实上,在办公室上班的衣着可以适当调整,一般而言,穿着有领子、有袖口的衣服是比较合乎礼仪的。

(三) 非正式场合

非正式场合是指旅游、访友等,这个时候的穿着可以较为随便、自由,可选色调明朗轻快、造型华美的西服,也可以穿宽松、舒适的T恤以及运动服饰。

任务五 年龄着装

每个年龄段都该穿适合年龄的衣服。穿着过于老气,看着没精神,尽显老态,穿着过于年轻,看着装嫩、别扭。我们要选择适合我们年龄层次的衣服,每个年龄都适合什么风格的衣服呢?

一、女士不同年龄阶段着装打扮

(一) 20~30 岁阶段

这个阶段是最美好的,适合穿着清新自然的少女装,突出青春气息,纯纯的,带有淡淡的书卷气。20 岁左右的女性处于花季少女的年龄,着装要洋溢出青春年华,彰显出青春活力的特点,如图 5-17 所示。

对于 25 岁左右的女性,已经步入职业生涯,这个时候是女性努力积累经验、斗志昂扬、向上拼搏的时候,类似职业套装的干净利索的着衣风格适合职场要求,也能让人看起来比较干练、精神抖擞,让公司领导欣赏自己、让客户信任自己。同时,也要注重自己的亲切感和稳重感,以避免年龄上给人不可靠的印象,着装时给人以信任感为首,展现青春朝气为辅,如图 5-18 所示。

图 5-17 20 岁左右的女性的穿着

图 5-18 25 岁左右的女性的穿着

(二) 30~40 岁阶段

这个时候的女性基本已经成婚,担任人妻、人母。这个时候的女性是最温柔的,也最具女人味,适合类似波西米亚风格的衣服,带着温柔、甜美,又不失妩媚。这个时候女人没有了 20 岁的青春靓丽,当然也没有了 20 岁时穿衣服随心所欲的资本,因而,购买衣服时首要考虑的是如何提高效率,做到省钱、省时、省力。归纳起来应该有靓、准、狠三大特点。

1. 靓

这个阶段女性的脸上已经有了岁月的痕迹,奇装异服和深色的衣服只能更加衬托岁月的沧桑,而一些简洁、大方、颜色靓丽的休闲服装,则能使你看起来比实际要年轻得多,还不乏时尚的感觉。此外,白色、蓝色、黑色是保险的大众色,因而,衣柜中多准备几件也是必不可少的。这样一来,你就拥有了一些最易搭配的服饰,在购物时,会省去为新衣服再搭配的许多麻烦。

2. 准

购物要提高效率,找到适合自己的品牌服装是最关键的。首先要学会锁定适合自己的服装品牌,这就需要在平时多在心仪的品牌服装中精心挑选,也可以就此征询专业人士的意见,多试、多看、多比较、多询问,虽然,看起来暂时多花费了时间,但在以后的时日里,却可以获得事半功倍的效果。有了适合自己的心仪的品牌,才能在逛街时,在有限的时间,快速找到喜爱的衣服,这样不光能保存体力,还能够保证在头脑清醒的时候,做出理智的判断和选择,避免买回一堆不适合自己的衣服后后悔莫及,束之高阁。

3. 狠

在挑选服装时,选择服装的面料很重要。30岁至40岁的女人已然不是容颜衬托衣服,而需要用衣服来表现自己仅有的一丝青春,所以,夏装建议多选桑蚕丝、棉、麻面料的服装(见图5-19),冬季选择全棉、纯羊毛、羊绒的面料,这些面料制成的衣服,大多做工精良,能显示出人的内在高雅气质,并能长久而不过时。虽然价格不菲,但因为不过时,时穿时新,仔细计算,还是物超所值的。方法虽好,但最重要的是要有一份留住青春的渴望,一颗爱美的心,这样才能把自己打扮得既靓丽又多彩。

图5-19 30岁～40岁的女性的穿着

(三)40～50岁阶段

这个阶段的女性,已经有了一定的社会地位,但是随着年龄的增长,女人的皮肤和体形也发生了一些变化,在穿衣搭配时要以端庄优雅为主。在色系的选择上,优雅的驼色、沉稳的黑色、高贵的紫色都是不错的选择,而款式上则要以简约大方为主。为了打破服装的单调感,有适当刺绣元素的服装也是不错的选择。图 5-20 所示为这一阶段女性适宜的穿着示例。

（四）50 岁以上的阶段

这个阶段的女性已经渐渐有了岁月的沧桑,更需要注意年轻化的时装和妆容,让自己避免老成的印象。穿衣更要注重质感,在颜色的搭配上可以选择比较鲜艳的服装,让自己看起来更年轻一些,豆绿、金黄、枣红、蔚蓝等色系都是不错的选择,皮肤白的话也可以大胆地尝试玫瑰红、淡黄、浅蓝等色系。款式上要选择版型比较宽松的,以便遮住我们开始渐渐走形的身材。这个年龄段的女性在着装上需注意以下几个方面。

（1）衣服颜色不能太花哨,也不能太过素淡,需要注意颜色的搭配,不宜同时穿超过三种颜色的衣服。

（2）服装款式不宜太复杂,不宜选用衣服上花边、褶子、口袋过多的服装,太累赘的款式反而会增添老气。

（3）身体发福的妇女穿细格子或条纹服装比较合适,不要选择闪闪发亮的或太薄的衣料,不要选择图案太大的衣物。

（4）忌年轻姑娘那样天真活泼的打扮。

图 5-21 所示为 50 岁以上的女性适宜的穿着。

图 5-20　40～50 岁阶段女性适宜的穿着

图 5-21　50 岁以上女性适宜的穿着

  案例分析

老太因打扮年轻刷老年卡被司机骂

"我母亲今年 70 多岁了,乘坐公交车的时候,司机说她不是老年人,不要用老年卡,还说了一些很难听的话。公交车是服务窗口,这么说话太不应该了!"2013年9月14日上午,长春市民曲先生给某报社打去电话。

记者当天下午看到了曲先生的母亲段阿姨,通过身份证、老年证等证件核实,发现她确实已经71岁了,不过保养得很好,看上去很年轻。段阿姨头发又黑又密,脸上稍有皱纹,腰不弯、眼不花,看上去真不像70多岁的人。

"我俩是一年的。"段阿姨的老伴曲大叔拿出户口本和他们的身份证,上面显示,两人都是1942年出生的,去年,两人都办了老年证和老年卡,老年卡里政府每年会打进去280元。二老说,结婚43年,他们从来都没有打过架,孩子已成家立业,还很孝顺,两人没啥愁事,平时喜欢锻炼,身子骨还算不错。就在去年,段阿姨还参团去南方旅游了一圈。"那些景点,拿老年证都能免费进。"段阿姨说,自己总想着人老了心不能老,穿衣打扮都尽量年轻化。

2013年9月13日那天,她到市中心购物,穿的就是一件蓝色针织小开衫,结果发生了很尴尬的事。"我上了12路公交车,刷卡后提示敬老卡,司机看了我一眼,问我,这是自己的卡吗?"段阿姨说,自己当时就回了一句:"不是自己的卡,还能是别人的吗?"等她坐下来,又听到司机说了一句:"不是老年人,别拿老年卡。"段阿姨回想了一下,上车前后好像就自己一个人用老年卡,又忍不住说:"当然是老年人,我可以和你到公交集团去验证。"司机就跟车上其他乘客说:"你们大伙看看,她长得像是70岁的样子吗?"乘客没人回答司机这句话,但段阿姨都不敢抬头,觉得整个脸都烧起来了。段阿姨说,因为出门怕丢,她没带身份证和老年证,无法证实自己的年龄,干脆赌气地说:"对,我就50多岁,我就拿老年卡刷了,你能咋的?"后来司机也生气了,就说了很难听的话。

一路上,段阿姨坐立不安,虽然身后有人安慰她,说她看上去确实比较年轻,但自己还是觉得憋屈得不行,提前一站就下了车。

(资料来源:http://zt-hzrb.hangzhou.com.cn/system/2013/09/16/012563635.shtml.)

案例分析:时间,究竟是女人的敌人还是朋友?当岁月毫不留情地在我们全身上下留下各种痕迹,你还可以像年轻时那样狂野吗?每个年龄都有自己的美,步入晚秋的女性一样不要放弃美丽的权利,生命永远是美好的,值得你品味和珍惜。但是老年妇女选择的服装色彩不应过深、过浓,浅灰、浅棕、米灰色、琥珀色都是适宜的选择,服装的式样及裁剪要尽量简洁,不要穿过于肥大的衣服,那样会使人显得臃肿和衰老,合体的衣服令人精神振奋。也不能穿着过于年轻化。有些老年妇女为了年轻化,会打扮成20岁小姑娘的样子,身上穿着时髦卫衣,下身穿一条花牛仔裤,裤子上还有一只可爱的兔子,脚下穿上一双白色板鞋。案例中段女士因打扮比较年轻化,被公交师傅误会,可能确实保养比较好,但是在服装上可能过于年轻化了,才出现这样的尴尬情景。

二、男士不同年龄阶段着装打扮

(一)20岁的男士

20岁的男士是最具有青春活力的,可以放心大胆地尝试各种时尚潮流的款式,并找到适合自己的风格,无论是阳光运动,或是潮流,还是学院风,都不为过。

1. 职业装

(1) 对于职场新人,可以参考前文场合着装的内容,也可以参考早入行的同事们怎么穿着。

(2) 购置自己的第一套西服,深色或是素色,要适合自己的身材(见图5-22)。

(3) 两双皮鞋,一双黑色,一双棕色,简单款式。

(4) 外套里搭一件简单的T恤,是比较休闲又年轻的搭法(见图5-23)。

图5-22 西服配置

图5-23 职业装内搭

○○○○○○○○○○○○○ 知识链接 ○○○○○○○○○○○○○

西服与衬衣的搭配

(1) 黑色西服,穿以白色为主色调的衬衣或浅色衬衣,配系灰、蓝、绿等与衬衣色彩协调的领带。

(2) 灰西服,可以配灰、绿、黄和砖色领带,穿白色为主的浅色衬衣。

(3) 暗蓝色西服,可以配蓝、灰、胭脂、黄色领带,穿白色和明亮蓝色的衬衣。

(4) 蓝色西服,可以配暗蓝、灰、胭脂、黄和砖色领带,穿粉红、乳黄、银灰和明亮蓝色的衬衣。

(5) 褐色西服,可以配暗褐、灰、绿和黄色领带,穿白、灰、银色和明亮褐色的衬衣。

(6) 绿色西服,可以配黄、胭脂、褐色和砖红色领带,穿明亮蓝色、褐色和银灰色的衬衣。

2. 休闲装

(1) 可以尝试鲜艳的颜色,但不要同时穿太多(3种以上)的颜色,便可以缔造出年轻活力的效果(见图5-24)。

（2）白色休闲鞋，帆布的或皮的都可以。

（3）简单深色牛仔裤，不仅是休闲场合，有时候上班也能穿（见图5-25）。

图5-24 休闲装1

图5-25 休闲装2

（4）可以尝试皮衣夹克、机车裤。

（5）如果喜欢学院风或者那些带有大型图案口号的花纹T恤，那么要抓紧，这是穿它们的最后机会。

（二）30岁的男士

30岁的男士或许过了那个扮学生、扮坏小子的时候，但增添了一份成熟和历练，是最具魅力的年龄，以清爽优雅为主，30岁也是形成个人风格的时候。

1. 职业装

（1）比起20岁，可以拥有更多颜色的西装，除了灰色、藏青色等传统的颜色外，也可以有深绿、米色、酒红等更多选择，合适的剪裁更加关键（见图5-26、图5-27）。

（2）在外套里搭白色薄T恤的穿法可能显得略随意了，质地良好的衬衫或者薄毛衣是更加合适的穿法。

（3）选择有商务范的不锈钢或皮质的皮带或手表，和那些塑料表带的运动电子表说再见。

（4）仪表和发型要干净整洁。

2. 休闲装

（1）可以选择比较休闲的衬衫，或者质地比较好的T恤、薄羊绒毛衣（见图5-28）。

（2）可以试试黑、白、蓝的单配，几乎很难出错（见图5-29）。

（三）40岁以上的男士

这时候很多人都是事业有成、阅历丰富的成功人士了，以稳重、大气、睿智为主，塑造成熟有内涵的气质和形象。

图 5-26　职业装 1

图 5-27　职业装 2

图 5-28　休闲装 3

图 5-29　休闲装 4

1. 职业装

(1) 服饰的用料一定要高级精致,彰显品位。

(2) 遵从"少即是多"的原则,简单的设计和颜色组合,更能衬托面料与做工的精致(见图 5-30)。

(3) 如果在 20～30 岁没有买比较正式的正装,那么 40 岁一定要买一套可以参加正式场合的男士礼服套装(见图 5-31)。

(4) 如果偶尔想要换个风格打造休闲亲民风,不妨试试对比色的西装和西裤(见图 5-32)。

图 5-30　职业装 3

图 5-31　男士礼服

2. 休闲装

（1）这个年龄的男士也可以穿牛仔裤，选择以深色为主，简单款式的直筒牛仔裤（见图 5-33）。

（2）搭配休闲西装外套、卷袖衬衫或者薄羊绒衫，一双牛津皮鞋，优雅又休闲。

图 5-32　职业装 4

图 5-33　休闲装 5

（注：图片来源于 http://www.lifeskill.cn/Html_fs_dpsc/2015/2015091125171.shtml.）

项目小结

本项目首先阐述了服饰的来源、服饰与礼仪的关系,随后分析了体色的差异,以找到适合自己的服饰颜色,接着依据自身的身材类型,寻找适合自己的服装款式,做到扬长避短,最后讲述了在不同场合下应该如何穿着打扮,找到适合自己年龄的穿着风格。

项目实训

一、知识训练

1. 了解色彩的分类。
2. 熟悉喜庆场合中着装的注意事项。
3. 掌握不同身形应如何选择着装款式。
4. 了解正式场合中,男士的穿着规则。

二、能力训练

运用本项目所学知识和技能,参考相关资料,设计不同场合的着装打扮。

目的:运用实例训练学生在不同场合的着装打扮。

要求:以自身为例,选择正式、休闲、喜庆、悲伤四种场合中适合的服装。

案例分析

一位女推销员在美国北部工作,一直都穿着深色套装,提着一个男性化的公文包。后来她调到阳光普照的南加州,她仍然以同样的装束去推销商品,结果成绩不够理想。后来她改穿淡色系的套装和洋装,换一个女性化一点的皮包,使自己有亲切感,着装的这一变化,使她的业绩提高了25%。

讨论题:服饰与工作能力和工作业绩有没有直接关系?

(案例来源:https://wenku.baidu.com/view/b21a44c7d4d8d15abe234e5a.html.)

(注:本项目中未注明图片来源的均来自淘宝网。)

项目六 社交礼仪训练

  知识目标：了解和熟悉社交礼仪的种类、方法和要求，了解和熟悉餐饮礼仪的方法和要求，掌握问候、称谓、介绍、握手等礼节的方法，熟悉职场礼仪的方法和要求。
  能力目标：通过系统的理论知识学习，在社交场合能够正确、得体地运用礼仪。
  素质目标：掌握各种不同社交场合下应该具有的礼仪规范，继承和发扬悠久的礼仪文化，体现当代青年人良好的素质和教养。

  社交礼仪训练包括当面问候礼节训练（礼貌用语、称谓礼节），介绍礼节训练（居中介绍礼节、自我介绍礼节），握手礼节训练，鞠躬与拥抱礼节训练。通过这些社交礼仪训练，提高大学生人际交往、为人处事、待人接物的能力，使之能更好地适应社会环境。

> **案例导入**
>
> 一位老师带领学生前往某集团公司参观,该公司老总是该老师的大学同学,老总不仅亲自接待还非常客气。工作人员为每位同学倒水,席间有位女生表示自己只喝红茶,学生们在有空调的大会议室坐着,大多坦然地接受服务,没有半分客气。当老总办完事情回来后,不断向学生表示歉意,竟然没有人应声。当工作人员送来笔记本,老总亲自双手递送时,学生们大都伸着手随意接过,没有起身也没有致谢。从头到尾只有一个同学在起身双手接过工作人员递过来的茶和老总递来的笔记本时客气地说了声:"谢谢,辛苦了!"最后,只有这位同学收到了这家公司的录用通知。有同学很疑惑甚至不服:"他的成绩并没有我好,凭什么让他去而不让我去?"老师叹气说:"我给你们创造了机会,是你们自己失去了。"
>
> 是什么原因使这些同学失去机会的?这些同学有哪些行为是不合乎礼仪的?

作为四大文明古国之一,中国历来享有"礼仪之邦"的美誉。继承和发扬悠久的礼仪文化传统,传播中华文明精粹,是当代人不可推卸的责任与义务。"嘤其鸣矣,求其友声"这句来自《诗经》里的诗句让我们知道几千年前我们的祖先就已经懂得交际中沟通交流的重要性了。

任务一 沟通交流礼仪

见面是交际的开始,见面时行一个标准的见面礼,会给对方留下深刻而又美好的印象,直接体现出施礼者良好的修养和素质。

一、问候礼节礼仪

一个得体的问候会给人以如沐春风之感,于无形中拉近双方之间的距离,还会提升主动打招呼者的个人魅力,给人以优雅从容的印象。

问候礼仪可以分为两种,即当面问候和远方问候。当面问候,就是问好、打招呼,是在和别人相见时,以语言或动作向对方致意的一种方式。远方问候包括书信问候、电子邮件问候、电话问候、微信问候、手机短信问候等,适用于不能当面打招呼问候的情况。

问候的方式有两种,即语言问候和动作问候。语言问候的内容丰富多彩,需要注意的是语言问候要多用、善用礼貌用语。动作问候包括点头、微笑、握手、拥抱、吻礼、鞠躬等。在问候时通常是语言问候和动作问候共同使用。

在工作、生活中常用的问候规范用语有许多,根据时间不同变换招呼用语,如"早上好"、"您早"、"中午好"、"午安"、"下午好"、"晚上好"、"晚安"等;接待宾客时应主动问候,如"您好,欢迎光临"、"您好,见到您很高兴"等;与人道别或送行时也应问候,如"再见"、"欢迎再来"、"祝您一路平安"、"期待您的再次光临"等;遇到节日或喜庆日子要问候,如"新年快乐"、"恭喜发财"、"祝您生日快乐"、"祝您新婚快乐"、"祝您圣诞快乐"等;探望病人时要用"请多保重"、"祝您早日恢复健康"等；若遇多位宾客不必一一问候，可用"大家好"、"各位早上好"等。

知识链接

什么是礼仪？

中华民族素有"礼仪之邦"的美誉，在中国，礼来源于古代的祭祀活动。礼的含义随着时代的变迁、人类交往的增加和社会的发展而不断变化。

在原始部落里，礼主要用于供神、祭祀，以示对天地神灵、祖先的敬意。到了阶级社会，礼的含义有所变化。在周代，礼除了用于祭祀之外，还作为治国之本。周礼不仅内容更加丰富，而且还包含了社会政治制度的结构形式和社会生活规范。礼已成为阶级统治的工具，成为社会等级制度的象征，成为区分贵贱、尊卑、顺逆、贤愚的准则。

到了春秋时期，有人提出了"仪"这一概念。礼乃立国制政的大法，仪是指礼节、仪式和仪文。

先秦时代，在人们的心目中，礼和仪的含义是不同的，但是，其实他们所谓的"礼"中也包含着一定成分的"仪"。

到了封建社会，礼仪逐渐成为统治阶级进行封建统治的工具，有些还以法律的形式固定下来，形成"礼制"，成为束缚人们行为的工具。

现代礼仪的内涵已与古代礼仪的内涵有着本质的区别。古代礼仪带有强烈的迷信色彩，现代礼仪吸取、继承了古代礼仪中的文明成果，具有强烈的反封建、反迷信的色彩，更多地体现了人们的高尚道德情操、文明素质、自由平等、相互尊重。现代礼仪包括礼节、礼貌、仪式、仪表、风俗习惯等，它是人们在社会交往过程中制定的并得到共同认可的各种行为规范。

（资料来源：陈萍. 最新礼仪规范[M]. 北京：线装书局，2004.）

二、称谓礼节礼仪

称谓，又叫称呼，称呼他人是一门极为重要的学问。称谓是否恰当直接反映出一个人的素质、教养和内涵，不称呼或者乱称呼是一种失礼的表现，人们也据此判断你对他人的尊敬程度，甚至从称呼中判断你的能力、人际关系等。因此，在人际交往中，学会如何正确地称呼对方是非常有必要的。

在正式场合，为区别身份、尊敬他人，可以按照对方的职务加上姓氏相称，如"王经理"、"张市长"、"李局长"、"胡校长"等，在特别正式的场合，应当以对方的全名加上职务相称，如"某某某省长"、"某某董事长"、"某某教授"等。

对于具有职称者，可以在工作中直接以职称相称，如"马教授"、"赵工程师"、"孙研究员"等；为增加被称呼者的权威性，可以称呼学位，如"钱博士"，或者直接以被称呼者的职业来作为称呼，如"于老师"、"李医生"、"周会计"、"吴律师"等。

在涉外交往中，一般对男子均称"先生"，对已婚女子均称"夫人"、"女士"，对于不了解其婚姻状况的女性可称呼"女士"。近年来,"女士"已逐渐成为对女性最常用的称呼。

在生活中,一般的同事、同学关系,平辈的朋友或熟人,均可以姓名相称,如"王浩"、"李杰"、"王红"、"郑小华"等,也可以在被称呼者的姓名前加上"老"、"大"、"小"来表示亲切。

三、介绍礼节礼仪

现代生活中,人们的交往范围日益广泛,初次见面,总免不了介绍别人或介绍自己。得体的介绍往往会给对方留下良好的第一印象,因此,人们又把介绍称为"交际之桥"。

介绍可分为居中介绍和自我介绍。

(一)居中介绍

1. 介绍的时机

介绍的时机包括具体时间、具体地点以及具体场合。比如在办公场所接待彼此不相识的客人;与家人外出,路遇家人不相识的同事或朋友;收到为他人做介绍的邀请;陪同上司、长者、来宾时,遇见其不相识的人士,而对方又跟自己打了招呼;打算推荐某人加入某一交际圈子等。

2. 介绍的主角

就是谁出面来做介绍,居中介绍时的介绍人一般由社交活动的东道主、长者、家庭聚会中的女主人、公务交往活动中的公关人员担任。

图6-1 介绍礼仪

3. 介绍的顺序

一般情况下,在被介绍的两个人中,应优先介绍给女士、长者、位尊者认识。如介绍女士与男士认识时,先将男士介绍给女士;介绍年长者和年轻者认识时,先将年轻者介绍给年长者;介绍学生和老师认识时,先将学生介绍给老师;介绍同事、朋友和家人认识时,先将家人介绍给同事、朋友;介绍职位有高低的两人认识时,先将职位低的人介绍给职位高的人;介绍长辈和晚辈认识时,先将晚辈介绍给长辈;介绍来宾和主人认识时,先将来宾介绍给主人。

居中介绍时要注意掌握分寸,实事求是;说话时要口齿清楚、咬准字音;要有礼貌地以手示意,表情大方、自然,不要用手指指点点,具体如图6-1所示。

(二)自我介绍

在人际交往的某些场合,遇到对方不认识自己,而自己又有意与其认识,但现场没有他人从中介绍时,往往需要自我介绍。

在进行自我介绍时首先要抓住时机。在适当的场合进行自我介绍,对方有空闲,而且情绪较好,又有兴趣时,这样就不会打扰对方。自我介绍时语言要简洁,尽可能地节省时间,以半分钟左右为佳,不宜超过一分钟。为了节省时间,做自我介绍时,还可利用名片、介绍信加以辅助。

其次要讲究态度。进行自我介绍时态度一定要自然、友善、亲切、随和。开始介绍之前应该先向对方点头示意,得到回应之后再向对方介绍自己。介绍时应落落大方,彬彬有礼,既不能唯唯诺诺,又不能虚张声势,轻浮夸张。语气要自然,语速要正常,语音要清晰。

最后要真实诚恳。进行自我介绍时要实事求是,真实可信,不可自吹自擂,夸大其词。要善于运用眼神表达自己的友好,表达关心以及沟通的渴望。

四、握手礼节礼仪

握手是见面时最常见的礼仪。在人际交往中,握手看似平常,但学习正确的握手方法绝对不是小题大做。生活当中很多人因为没有掌握握手的要领而让自己陷于尴尬的境地,给他人留下不好的印象。

在交际场合跟别人握手时,通常需要注意以下几个问题。

(一)握手的场合

一般来讲,需要跟别人握手的主要有以下三大场合:其一,见面或者告别;其二,表示祝贺或者慰问;其三,表示尊重。实际上,礼的意思是尊重,我们在人际交往中要尊重自己、尊重别人、尊重社会。

(二)握手的顺序

通常是长者、女士、职位高者、上级、老师先伸手,然后年轻者、男士、职位低者、下级、学生及时与之呼应,而绝不可贸然抢先伸手,否则就违反了礼仪要求。男士和女士之间,绝不能男士先伸手,这样不但失礼,而且还有占人便宜的嫌疑。但男士如果伸出手来,女士一般不要拒绝,以免造成尴尬的局面。

在主人接待客人时,客人到达后,主人先伸手,主人先伸手表示对客人的一种欢迎。

一人与多人握手时,其一,由尊而卑;其二,由近而远;其三,顺时针方向前进。

(三)握手的具体方式

握手时双方的距离为能够伸展开一条手臂。握手时,双方站定,双腿正直,上身略倾向对方。主动握手者伸出手时,手掌与拇指呈 60°左右,四指并拢,四指与拇指全部与对方相握,手臂呈 90°左右,手掌微微用力,上下摇动三四次之后松开,恢复原来姿态,具体如图 6-2 所示。

握手时,具体应注意以下几个方面。

1. 时间

一般的握手时间在 3~5 秒就够了,如果想要表示鼓励、慰问或热情,握手的时间可以稍微延长,但是绝对不要超过 30 秒。

2. 力度

握手时最佳的做法是稍微用力,不轻不重,恰到好处,以表示热情友善。如果轻轻一碰,像蜻蜓点水一样刚刚触及就离开,或是缓慢相握,缺少应有的力度,会给人勉强应付、不得已而为之之感。尤其是男性与女性握手时更应热情、大方、用力适度。

3. 寒暄

握手时的寒暄有以下两点需要谨记:一是要说话。比如,第一次见面要说欢迎光临,久仰久仰,或者问好,老朋友见面要问别来无恙,告别之时要祝一路平安,见到老板时可以

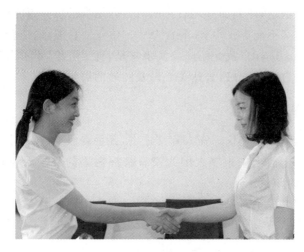

图 6-2 握手礼

问生意好等,而不能一言不发,给人以不耐烦、不高兴的感觉。二是要以表情进行配合。与人握手时,表情要自然、热情,特别需要强调的是,在和别人握手时,必须双眼注视对方,千万不要东张西望,否则会让对方感到非常尴尬和难堪,有不被重视之感。

（四）握手的禁忌

（1）忌心不在焉。

（2）忌伸出左手。国际惯例中,右是上位,是好的位置,而左是下位,是不好的位置。

（3）忌戴着手套。国际惯例中,只有女人在社交场合戴着的薄纱手套可以不摘。

（4）忌交叉握手。在国际交往中,尤其是与西方人握手时,应力戒此举,它被视为不吉利。

知识链接

握手礼的由来

战争期间,骑士们都穿盔甲,除两只眼睛外,全身都包裹在铁甲里,随时准备冲向敌人。如果表示友好,互相走近时就脱去右手的甲胄,伸出右手,表示没有武器,互相握手言好,后来,这种友好的表达方式流传到民间,就成了握手礼。当今行握手礼也都是不戴手套的,朋友或互不相识的人初识、再见时,先脱去手套,才能施握手礼,以示对对方的尊重。

另一种说法为,握手礼源于刀耕火种的原始时代。当时,人们在狩猎或战争中,手上都拿着石块或棍棒等防卫武器,倘若途中遇到陌生人,如大家都无恶意,就放下手中的武器,并伸出手掌,让对方抚摸手心,表示手中没有武器,后来,这种礼俗就演变成今天的握手礼。

(资料来源：http://www.lbx777.com/ywfj/wwyl/wwyl207.htm。)

五、鞠躬与拥抱礼仪

鞠躬即弯身行礼,起源于我国商代。在现实生活中,人们沿用这种形式来表达自己对地位崇高者或长辈的尊敬。

行鞠躬礼时面对客人,并拢双脚,视线由对方脸上落至自己的脚前1.5米处(15°礼)或脚前1米处(30°礼)或脚前1.4米处(60°礼)。男性双手放在身体两侧,女性双手合起放在身体前面。鞠躬时先挺直腰背、脚跟靠拢、双脚尖处微微分开,目视对方,脖子不可伸得太长,耳和肩在同一高度,不可挺出下颌。然后将挺直的腰背,由腰开始上身向前弯曲,弯腰速度适中,之后抬头直腰,整个动作过程不急不缓,具体如图6-3所示。

行鞠躬礼时必须要脱帽,因为戴帽子鞠躬既不礼貌,也容易滑落,容易使自己处于尴尬境地。鞠躬时目光应向下看,表示一种谦恭的态度,不要一面鞠躬,一面试图翻起眼睛看对方。地位比较低的人要先行鞠躬礼,鞠躬也要相对深一些,受礼者应当还以鞠躬礼。

在西方,特别是在欧美国家,拥抱礼是十分常见的见面礼和道别礼。拥抱礼多行于官方或民间的迎送宾朋或祝贺致谢等场合。行礼时,通常是两人相对而立,各自左臂偏上,右臂偏下,右手环抚于对方的左后肩,左手环抚于对方的右后腰,彼此将胸部各向左倾而紧紧相抱,并头部相贴,然后再向右倾而相抱,接着再做一次左倾相抱(见图6-4)。当代,许多国家的涉外迎送仪式中,多行此礼。

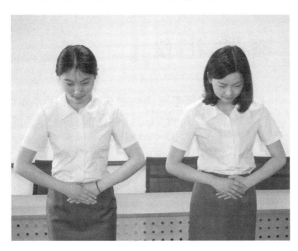

图6-3 鞠躬礼

图6-4 拥抱礼

知识链接

鞠躬礼的场合

1. 演员谢幕时

当一场精彩的演出结束时,观众往往报以热烈的掌声,演员则以鞠躬谢幕。有的演员每唱完一首歌或奏完一首曲,也常以鞠躬礼对观众的鼓励表示感谢。

2. 演讲和领奖时

演讲者在演讲开始前和结束后,要以深深的鞠躬表示自己对听众的敬意。得奖人在台上领取奖品时,也总是要向授奖人和全体与会者鞠躬,以表示感谢上级领导的关心和爱护以及与会者的支持和鼓励。

3. 师生见面时

学生上下课多行此礼。上课时由值日生呼喊起立,全体同学向老师行鞠躬礼,老师还鞠躬礼,下课亦然。途中相见,也先由学生行礼,老师则点头还礼。

4. 举行婚礼时

在举行婚礼时,一般都要"新郎新娘三鞠躬"。这是传统礼节,沿用至今,以代替过去的"交杯礼",同时,新婚夫妇要向尊长、亲友和来宾行诚挚的鞠躬礼。

5. 青年男女初次拜访双方父母时

当青年男女恋爱后,第一次到对方家里做客时,为了表示对长辈的尊重和礼貌,也可向对方父母鞠躬问候,以示知书达理、注重礼节。

(资料来源:杨静.形体礼仪实用教程[M].北京:中国戏剧出版社,2013.)

任务二 餐 饮 礼 仪

餐饮礼仪是指人们在赴宴进餐过程中,根据一定的风俗习惯约定俗成的程序和方法,在仪态、餐具使用、菜品食用等方面表现出的自律和敬人的行为,是餐饮活动中需要遵循的行为规范与准则。

一、餐饮通用礼仪

宾客参加宴会,从入席到告辞都应注重礼节规范,一方面体现了个人的素质和修养,另一方面表示了对主人的尊重。

(一)精心准备

接到邀请后是否出席一定要尽早回复对方,确定出席后尽量不要随意更改。如果遇到特殊情况实在不能出席,一定要及时向主人解释、道歉,如有必要甚至需要亲自登门致歉。

赴宴前,一般应整理个人仪表,着装、妆容等都应美观、大方。

如果是参加家宴,不妨给女主人带上小礼物,礼物价值不一定很高,略表心意即可。

(二)准时抵达

守时是最基本的礼貌,出席宴会活动,抵达时间的早晚、逗留时间的长短在一定程度上反映了对主人的尊重程度。迟到、早退、逗留时间过短是失礼或有意冷落的表现。准时抵达宴会活动地点后应主动问候主人,并同其他人互致问候。

(三）礼貌入席

进入宴会厅，应在宴会厅门前找到服务人员，请他们将自己带到席位处，不可以自己在宴会厅内到处走动，到各桌去找自己的姓名标志牌。找到座位后，一般是本桌的首席入座后大家才坐下，当邻座是年长者或女士时应主动协助他们先坐下，然后自己再入座。

（四）举止文雅

入座后坐姿要端正，腰板应挺直，膝盖放平，两脚自然垂直放在本人座位下，不要将脚伸到别人的座位处，不要两腿不停地抖动。无论男女，用餐时跷起二郎腿都是不美观且失礼的，女性不要在座位中照镜子或补妆，这些都是有损个人形象的举止。

（五）优雅进餐

宴会是交际场所，不是工作场所，席间谈话应轻松自由一些。不论是主人还是客人都应与左右宾客交谈，避免高声谈笑，也不要只和几个熟人交谈。左右宾客如不认识可先自我介绍，别人讲话时不可搭嘴插话，席间取笑别人也是很失礼的，发现别人不悦应停止议论，巧妙转移话题，交谈时更不要手拿餐具比比划划。

吃食物时要讲究文雅，要小口小口地吃，并微闭着嘴咀嚼，尽量控制咀嚼的声音。食物过热时，可等稍凉后再吃，千万不可用嘴吹。鱼刺、骨头、菜渣不要直接往外吐，要用餐巾掩嘴，用手或筷子取出，或低下头吐在叉匙上，放到碟中，嘴里有食物时切勿交谈。尽量不要剔牙，如果实在要剔，用一只手掩嘴，另一只手拿牙签轻剔。吃剩的菜、用过的勺都应放在垫盘内。为了避免酒后失态，饮酒时要留有余地。就餐的整个过程，都要注意礼让，注意关照邻座的宾客。

（六）告辞致谢

宴会上最后上的一般是水果，吃完水果宴会即将结束。离开时应礼貌向跟主人致谢，然后再依次同其他客人告别。如果是正式宴会，还可在两到三天内再次以电话或者信函的形式表示感谢。

需要注意的是，宴会进行到一半时不应提前退席。若确实有事需提前退席，应同主人打招呼后悄悄离开或者提前说好到时直接离开，退席理由应当尽量不使主人难堪和心中不悦。

二、西餐礼仪

随着对外交流的日益增加，中国人吃西餐的机会越来越多。吃西餐时，座位的排列、餐具的使用和用餐方法必须符合西餐礼仪。

（一）西餐座位的排列

西餐座位比较讲究礼仪，非正式宴会座位遵守女士优先的原则，即男士主动为女士移动椅子让女士先坐，且让女士坐右座、靠墙靠里坐。不管正式宴会还是非正式宴会，入座或离座均应从座椅的左侧走为宜（如果左侧入座不方便也可以从右侧入座）。正式宴会以国际惯例为依据，桌次的高低依距离主桌位置的远近而定，右高左低，桌次较多时一般摆放桌次牌。吃西餐均使用长桌，同一桌上座位的高低以距离主人的座位的远近而定。

西方习俗是男女交叉安排，以女主人的座位为准，主宾坐在女主人的右上方，主宾夫人坐在男主人的右上方,在我国则依据传统,照例主宾坐在男主人的右上方,主宾夫人坐在女主人的右上方。

（二）餐具的使用

西餐宴席上使用的餐具主要是刀、叉、匙、盘、杯等。一般是左手拿叉,右手拿刀。拿叉的姿势是,用左手拇指、食指、中指拿住叉。拿刀的姿势是,用右手食指压在刀背上以出力,其余手指拿住刀把。

用刀、叉和匙时,要从最外面开始,一道一道菜往里拿。西餐一般讲究吃不同的菜用不同的刀叉,饮不同的酒用不同的酒杯,吃完一道菜将刀叉并列放在盘子的右边。不要举着刀叉和别人说话,不能发出刀叉相碰的声音。如果你暂时不会用西式餐具也没有关系,跟着主人或其他人做就行了。

（三）用餐方法

吃肉类时有两种方式:一是边割边吃;二是先把肉块（如牛排）切好,然后把刀子放在食盘的右侧,单用叉子取食。前者是欧洲的古老习惯,后者则是美式的吃法,一般前者比较正式。

吃鱼时,应从鱼的中间切开,把肉拨到两边取掉鱼刺、鱼骨,慢慢食用。肉饼、煎蛋、沙拉,都不用刀只用叉。肉盘内的肉汁,可用面包蘸着吃,面包应用手指掰成小块食之。炸薯片、炸肉片、普通三明治等食物,跟面包一样,用手取食,取食时,仅限于用拇指和食指,食后用摆在面前的小手巾拭手。吃甜点可用叉或匙。

喝汤时,用匙进食。握匙的正确姿势为:用大拇指按住匙的把,其他手指轻轻托住另一边。舀汤时,应从盘子里面向外舀,盘中汤不多时,千万不可端起汤盘吮吸,而应用左手将汤盘微微外倾,用匙舀尽。

吃梨、苹果不要整个去咬,而应用水果刀将水果切成四至六块,剜去果心,用手拿着一块一块吃。吃香蕉则剥皮后整只放在盘子里,用刀、叉切开,一块一块吃。吃橘子用手把皮剥掉,一片一片地掰开吃。吃水果时,有时会送上一小水盂,这是供洗手用的,切勿将此当作饮料饮用。用餐过程中自己够不着的调味等物,可以请别人帮忙递过来,我们也可应别人的要求传递给他们,传递要用右手。进食时,骨头、肉屑、果皮等,可放在食盘的右角,果核则吐在餐巾纸内,不可随便抛在桌上或地上。

若有事暂时离开,请将餐巾放在椅子上,把刀叉摆成八字,居中放在盘上。用餐完毕,将刀叉并列,靠右侧放在盘上。

席中在鸡、龙虾或西式菜点全部上完后,便是咖啡和茶。喝咖啡和茶的方式是用小茶匙搅拌放糖,搅匀后将茶匙放回原处再喝（茶匙不能放在茶杯里）。喝时右手拿杯把,左手端杯托碟。请记住,喝咖啡、茶或汤一定要端起杯子找嘴,不要俯身去用嘴迁就杯子。喝完咖啡或茶,宴会就该结束了,客人可以开始告辞。

（四）西餐其他礼仪

参加正式西式宴会一定要注意服饰、仪容仪表符合礼仪要求,用餐姿势优美大方,坐姿端庄稳重,挺直腰板,不要跷二郎腿,手放在膝盖上,不要把胳膊支在桌子上,不要随便脱上衣、松领带或挽袖子。

吃西餐时,不能拒绝对方的敬酒,即使自己不会喝酒,也要端起酒杯回敬对方,否则是一种不礼貌的行为。吃西餐饮酒忌讳举杯一饮而尽，文雅的饮酒是懂得品评酒的色、香、味，慢慢品味。在西餐宴席上往往是敬酒不劝酒，即使是劝酒也只是点到为止。

吃西餐应特别注意水盂的使用，弄不好会闹出笑话。凡是上一道用手取的食品，如鸡、龙虾、水果等，通常会同时送上一个水盂（铜盆、水晶玻璃缸、瓷碗），水上飘有玫瑰花瓣或柠檬片，但它不是饮料，而是西餐讲究的洗指碗，置于左上方，把手浸入水中，轻轻洗一下，然后用餐巾擦干净。

你不得不知道的西餐礼仪

1. 首先，穿着一定要整洁得体

即使没有西装革履，男士去高档西餐厅也应穿上外套、内搭衬衫和干净的皮鞋。如果是与外国客户共同进餐的正式场合，那西装和领带就是必需的，而女士则要穿套装和有跟的鞋子，不要穿凉鞋。

2. 坐姿应端正而不僵硬

入座后，如果是有椅背的椅子，不要把背靠在上面，要立腰、挺胸、上身自然挺直。双手应放在腿上，不要用手托腮或双臂肘放在桌上，双脚并拢自然正放或稍微倾斜。

3. 不要把手机、钱包或钥匙放在餐桌上

平常跟朋友聚会可以随便点，但去高档西餐厅要千万记住这点，因为这些都是非常影响注意力的东西，为了对就餐同伴表示尊重，最好把手机等物收入包中。

4. 如果是你请客，记得让客人先点菜

如果是你邀请别人一起用餐，特别是女性，一定要事先和各位同伴说今天这餐是你来做东。点菜的时候也要告诉侍者，请让客人先点菜，以避免误会。

5. 和就餐同伴点一样数量的菜

这样能保持同样的就餐步调，避免尴尬。

6. 如果是你请客，记得早点准备买单

一个有经验的请客者会事先预定好餐厅，提前15~20分钟赶到，或者在入座前将信用卡拿给侍者。如果你是客人，也应该在约定的时间到达，不要迟到。

7. 不要跟侍者说你想买多少钱的酒

你只要说你喜欢什么样的酒，或在酒单上指出一款自己可以接受的价格的酒，侍者就会根据这个价格范围来推荐酒款了。此外，不要装成一副很懂酒的样子，那样看起来太作了，静静地品尝感受不是很好吗？

8. 不要退酒

如果你不喜欢所点的酒，不要跟侍者说要退酒，这是礼节，毕竟他们已经为你开瓶了。不过，如果酒本身有问题，你可以跟侍者说明情况，要求退掉或换另外的酒。

9. 不要朝侍者大声呼叫

有什么问题要找侍者时，先用眼神示意，如果对方没有注意到，可以抬起右手，用微微举起的食指来吸引他们的注意。

10. 知道餐巾摆放的位置

现在就餐一般将餐巾放在腿上,如果要暂时离开,可以把餐巾放在椅子上。用餐完毕后,把餐巾整洁地放在左手边(无须折叠,不要放在餐盘上)。

11. 知道各种餐具的用途

在正规的西餐中,餐具一般如图 6-5 摆放,各种刀、叉、勺子和酒杯的用途不一,注意别用错了。

图 6-5　西餐中餐具的摆放

12. 就餐时,注意在餐桌上的举止

(1) 左手拿叉,右手拿刀,食物是切一块吃一块,不要一下子切很多。

(2) 吃饭时速度不要太快,别让他人觉得你在赶时间,特别是当你做东的时候。

(3) 嘴中有食物的时候不要说话。

(4) 用餐巾擦嘴或擦手。

(5) 面包不要拿在空中,要放在面包盘里。

(6) 喝水或饮酒时,眼睛看向杯子。

13. 不要越过餐桌去吃同伴的食物

跟不熟的人一起用餐或在正式的场合用餐,要切记这一点。不过,与朋友用餐可以轻松一点,可以用面包盘盛给同伴一些你觉得好吃的食物。

14. 就餐时不要谈公事

吃饭的时候不谈公事,也不要抱怨同事或工作,不要扫了大家的兴。

15. 不要抱怨菜不好吃

既然别人邀请了你就餐,作为客人,就不要抱怨菜不好吃或者酒不好喝,并且要感谢主人的款待,这是礼数。

16. 和客户一起吃饭,最好不要给食物拍照

现在朋友圈这么火爆,人人都刷美女、刷美食,去趟高档西餐厅怎能错失拍摄美食的好时机?和熟悉的朋友一起就餐,拍照的影响不大,低调点就行,但要是和客户用餐就最好不要拍照,倘若客户想拍照,那你当然得同意了。

17. 假如点的菜没做好,可退回重做

要是点的菜没做好,可以要求餐厅重做,在去退菜之前,请务必告诉就餐的同伴先行用餐,不要等你。

18. 用餐完毕后不要随便把餐具放在盘子边上

应该把刀叉竖直向上摆成"11",这是一种暗示服务,侍者看到了自然会来收。其实,在西餐礼仪中,刀叉的不同摆放还有很多意思,如图6-6所示。

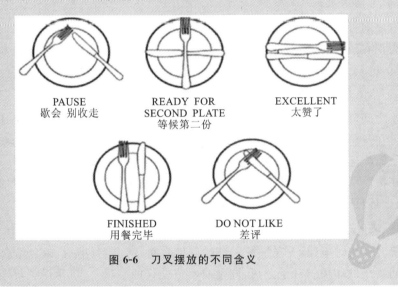

图6-6 刀叉摆放的不同含义

任务三 职场礼仪

人都有被尊重的高级精神需要,在职场交往活动过程中,按照职场礼仪的要求去做,就会使人获得尊重的满足,从而获得愉悦,由此达到人与人之间关系的和谐,也就增进了你与他人的沟通交流,为自己创造良好的工作环境,为事业的成功打下了坚实的基础。

一、办公室基本礼仪规范

办公室是一个处理公司业务的场所,办公室的礼仪不仅是对同事的尊重和对公司文化的认同,更重要的是每个人为人处事、礼貌待人的最直接表现,是职场人士的基本要求。

(一)尊重前辈

无论是多么亲密的关系,对前辈说话的态度都要注意掌握分寸。此外,无论前辈多么喜欢你,也不要过分亲昵,即便是在宴会上也不要忘了上下级之间的区别,保持谦逊是永远不会错的。

(二)互相帮助

同事有困难时,应主动问询,对力所能及的事尽量帮助,这样能增进双方的感情,使关系更加融洽。千万不要只顾自己埋头苦干而不管他人,只有好的合作,才有好的工作结果。

(三)尊重隐私

窥探别人的隐私向来是个人素质低下、没有修养的行为,因此,在与同事的交往中,要保持恰当的距离,更不要在背后议论他人的隐私,损害他人利益,引起双方关系的紧张甚至恶化。尊重他人的隐私其实就是尊重我们自己。

(四)主动道歉

同事之间可谓是朝夕相处,一时的失误在所难免。发生误会时应主动向对方说明,如果出现失误,应该主动向对方道歉,以取得对方的谅解,而不要小肚鸡肠,耿耿于怀,甚至事后报复。

(五)尽量避免经济纠纷

同事之间可能有相互借钱、借物或者馈赠礼物的物质上的往来,即使是很小的款项,也应该记在备忘录上,以提醒自己及时归还或回礼,以免因遗忘而引起误会。如果所借钱财不能及时归还,应该每隔一段时间向对方说明情况。借钱、借物给同事,应要求对方写借条。在物质利益方面,无论是有意或是无意地占对方便宜,都会使对方的心理产生不快,从而破坏自己在对方心目中的形象。

(六)遵时守信

上班时要按时报到,遵守午餐、上班、下班时间,不迟到、早退,以免给公司留下懒散、没有时间观念的印象。对于上司、同事吩咐或交代的事项,一旦承诺就要遵守约定,完成任务,千万不可言而无信。

(七)勇于担责

如果在工作当中出现失误,主要责任在自己,这个时候要勇于承担责任,绝不可以推诿。如果不是自己的主要责任,也应该反省一下自己在这件事上有无过错,如果有错,也应该主动承担,如果无错,要吸取经验,防微杜渐。

二、沟通礼仪

(一)名片礼仪

名片是一个人身份的象征,已成为人们社交活动的重要沟通联系工具,它直接承载着个人信息,担负着保持联系的重任。要使名片更充分地发挥作用,就必须掌握相关的礼仪。因此,名片的递送、接受、存放也要讲究社交礼仪。

1. 名片的递送

在社交场合,名片是自我介绍的简便方式。交换名片的顺序一般是,先客后主,先低后高。当与多人交换名片时,应依照职位高低的顺序,或是由近及远,依次进行,切勿跳跃式地进行,以免对方误认为有厚此薄彼之感。递送时应将名片正面面向对方,双手奉上。眼睛应注视对方,面带微笑,并大方地说:"这是我的名片,请多多关照。"如图6-7所示。名片的递送应在介绍之后,在尚未弄清对方身份时不应急于递送名片,更不要把名片视同传单随便散发。

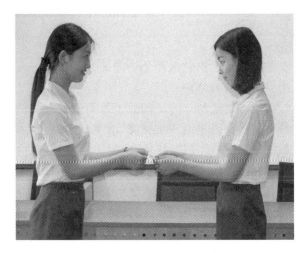

图6-7 名片的递送

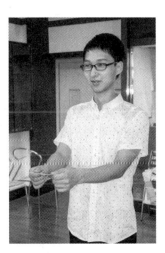

图6-8 名片的接受

2. 名片的接受

接受名片时应起身,面带微笑注视对方,接过名片时应说:"谢谢!"如图6-8所示,随后有一个微笑阅读名片的过程,阅读时可将对方的姓名职称念出声来,并抬头看看对方的脸,使对方产生一种受重视的满足感。然后,回敬一张本人的名片,如身上未带名片,应向对方表示歉意。在对方离去之前,或话题尚未结束,不必急于将对方的名片收藏起来。

3. 名片的存放

接过别人的名片切不可随意摆弄或扔在桌子上,也不要随便地塞在口袋里或丢在包里,应放在西服左胸的内衣袋或名片夹里,以示尊重。

 案例分析

大意失荆州

一位外经贸委的处长王女士奉命随团出访,前去欧洲开展招商引资工作。出国之前因为疏忽,她忘记重新印制一套名片,所以,每到递送名片的时候,为了让对方能找到自己的最新电话和住址,就在名片上临时用钢笔加注了几个有用的电话号码和地址。半个月下来,王女士筋疲力尽,却未见有外商与她有实质性的接触。后来经人指点,才明白问题出在哪儿。原来是她自己奉送给外商的名片不合规范。

讨论题：

（1）试结合王女士的错误来谈一谈名片在当今商业交往中的重要作用。

（2）请想一想如何正确出示名片，自己不妨练习一下。

（资料来源：http://wenku.baidu.com/view/c9d4af2558fb770bf78a559e.html.）

案例分析：为了图省事，王女士临时用钢笔在自己的名片上加注了几个有用的电话号码，本想这样联系起来更加方便和有效，可是在外商看来，名片犹如一个人的"脸面"，对其任意涂改、加减，只能表明她的为人处世敷衍了事、马马虎虎。

（二）拜访礼仪

拜访是指亲自或派人到朋友家或与业务有关系的单位去拜见访问某人的活动。人与人之间、社会组织之间、个人与企业之间都少不了这种拜访。

拜访应选择适当的时间，如果双方有约，应准时赴约。万一因故不得不迟到或取消访问，应立即通知对方。到达拜访地点后，如果与接待者是第一次见面，应主动递上名片，或作自我介绍，对熟人可握手问候。如果接待者因故不能马上接待，应安静地等候，有抽烟习惯的人，要注意观察该场所是否有禁止吸烟的警示。如果等待时间过久，可向有关人员说明，并另定时间，不要表现出不耐烦。与接待者的意见相左，不要争论不休。对接待者提供的帮助要致以谢意，但不要过分。谈话时开门见山，不要海阔天空，浪费时间。要注意观察接待者的举止表情，适可而止，当接待者有不耐烦或有为难表现时，应转换话题或口气，当接待者有结束会见的表示时，应立即起身告辞。

（三）电话、传真、电邮、信函礼仪

1. 电话礼仪

1）拨打电话的礼仪

（1）选择对方方便的时间。不论与他人有多熟，也最好不要在别人休息时打电话。为了避免影响他人的休息，尽量不要在休息日打电话谈生意，即使客户已将家中的电话号码告诉你，也不要往客户家里打电话。

（2）长话短说。打电话时要力求遵守"三分钟原则"。所谓"三分钟原则"是指，打电话时，拨打者应自觉、有意识地将每次通话时间控制在三分钟内，尽量不要超过这个时间限定。此外，在通话时，其基本要求为，以短为体，宁短勿长，不是十分重要、紧急的事务一般不宜通话时间过长。

（3）内容规范。在通话之前，最好把对方的姓名、电话号码、通话要点等内容列出一张清单（见图6-9）。这样做可以避免通话者在谈话时出现现说现想、缺少条理的问题，说话时要简明扼要。如果电话接通后，除了首先问候对方外，要记得自报单位、职务和姓名。如果请人转接电话时，一定要向对方致谢。

（4）适可而止。打电话时，如果要说的话已经说完，就应该果断地终止通话，若话讲完后，仍然反复铺陈、絮叨，会让对方觉得你做事拖拉、缺乏素养。

（5）语言文明。在对方拿起电话时，首先要向接电话的人热情地问候，然后再谈其他事情。在问候对方后，要自报家门，以便让接电话的人明白是谁打来的电话。终止通话，要对对方说再见。办公场合尽量不要打私人电话，若在办公室里接到私人电话时，应尽量

缩短通话时间,以免影响其他人工作和损害自身的职业形象。

图6-9 拨打电话前列清单

2) 接听电话的礼仪

(1) 及时接听。一般情况下,应该保证在电话铃响三声之内接听电话,当电话铃响第二声以后接电话是最合适的时间。如果因为其他原因在电话铃响三声之后才接起电话,首先要说:"对不起,让您久等了!"

(2) 应对谦和。拿起话筒后,如果对方首先问好,要立即问候对方,并自报家门。在通话过程中,对打电话的人要谦恭友好,尤其是在打来业务电话咨询或有求于己的时候,更要表现得不卑不亢、热情亲切。通话终止的时候,不要忘记向发话人说再见。如通话因故暂时中断,要等候对方再拨进来。对于重要的客人或上级,要主动拨回去,不要扬长而去,也不要为此而责怪对方。接到误拨进来的电话,需要耐心、简短地向对方说明,如有可能,还要给对方提供必要的帮助,或者为其代转电话,不要生气动怒,甚至出口伤人。

(3) 主次分明。接听电话的时候,要暂时放下手头的工作,不要和其他人交谈或做其他事情。如果你正在和别人谈话,应示意自己要接电话,一会再说,并在接完电话后向对方道歉。如果目前的工作非常重要,可在接电话后向来电者说明原因,表示歉意,并再约一个具体时间,到时再主动打过去,在通话的开始再次向对方致歉。纵然再忙,也不能拔下电话线,或者来电不接就直接挂断,这些都是非常不礼貌的行为。

2. 传真礼仪

在发送传真时,如果需先人工呼叫,在接通电话时首先应口齿清晰地说"你好",然后报出自己的公司或单位的名称以及详细的部门名称等。通话时,交流语气要热诚、口音要清晰、语速要平缓。电话语言要简洁、得体、准确,音调适中,态度自然。发送传真时,应检查是否注明了本公司的名称、发送人姓名、发送时间以及自己的联络电话。如果没有得到对方的允许,不要将发送时间设定在下班后,这是非常不礼貌的行为。如果传真机设定在自动接受的状态,发送方应尽快通过其他方式与收件人取得联系,确认其是否收到传真,收到传真的一方也应给予及时回复,避免因任何的疏漏造成传真丢失。在重要的商务沟通中,任何信息丢失都可能造成时间的延误甚至影响到合作业务的成败,这样的细节不可忽视。发送传真之前可以向对方通报一下,以免发错,收到传真后要尽快通知对方,以免对方不放心,这既是传真的工作程序,也是一种文明礼貌。

3. 电子邮件礼仪

提前通知收件人,尽量在发邮件之前得到对方的允许,或者至少让对方知道有邮件过来,确认你的邮件对他有价值。内容要简明扼要,言辞要朴实恳切,以免被收件人当作垃圾邮件一删了之。最好不要发送私人或者私密邮件,使用附件功能要小心,如果附件过大,不仅下载时间长,而且会大量占用收件人的邮箱空间。不要滥用抄送功能,避免使用字符图示,这样会显得很不专业。

项目小结

礼仪是待人接物、进行社会交往的重要手段。在社会生活中,人离不开社会交往,不同的对象、不同的场合,有不同的规矩、规则和讲究。每个人只要置身于社会,无论做什么事情,从政还是经商、日常工作还是出入重要场合、居家还是外出均离不开礼仪。

在本项目中,从沟通交流礼仪、餐饮礼仪以及职场礼仪三个方面介绍了相关礼仪礼节;通过训练掌握了见面打招呼、寒暄、握手、鞠躬的方法;知道如何正确地拨打和接听电话;了解了餐桌上应该具有的礼节;了解了在职场中怎样运用所学礼仪知识才能游刃有余地开展工作。俗话说:"有礼走遍天下,无礼寸步难行。"礼仪虽是生活小节,但它不仅可以展现一个人的风度和魄力,还体现了一个人的内在精神面貌、个人学识及文化修养。

项目实训

一、知识训练

1. 握手时有哪些忌讳?
2. 举例说明常用的 5 种礼貌用语。
3. 递送、索要名片时的基本礼仪有哪些?
4. 为他人作介绍时,如何确定介绍的先后顺序?
5. 简述西餐礼仪。

二、能力训练

1. 模拟在公司见到同事、上司、外单位业务代表时的见面问候礼仪,要求有称呼、握手、递接名片等情节;向其他同事介绍第一天上班的新同事;向其他同事介绍到你办公室有事拜访的朋友。

目的:熟练掌握职场相关礼仪。

要求:

(1) 注意介绍的顺序。

(2) 注意与同级之间的交流也要符合礼仪规范。

(3) 迎送客人时,要注意引客的手势,以及国际惯例以右为尊的原则。

2. 模拟某办公室接电话的情景。

学生以公关人员的身份模拟接电话,内容如下。

(1) 第一个电话：对方要找公关部王经理，公关告知王经理不在的对话情景。
(2) 第二个电话：对方打错了电话，公关人员的应对。
(3) 第三个电话：对方询问公司新产品的情况以及要转接的电话。
(4) 第四个电话：公关人员自己拨错了电话时的应对。
(5) 第五个电话：顾客购买的产品使用中出现了问题，反映情况的电话。
(6) 第六个电话：通知部门经理开会的电话。

目的：熟练掌握打电话礼仪。

要求：
(1) 用语准确，声音柔和。
(2) 在打进电话的开始，工作人员要自报家门。
(3) 养成左手接电话，右手做记录的习惯。

案例分析

小张是某公司的员工，某天正好去财务部窗口领工资。在等候的时候，他随手把手中捏着的一张无法报销的票据揉成团扔在了地上。

其他部门的同事看见了，心里说："那个部门的人素质真差！"恰巧此时有位顾客来财务部交定金，他看到小张把纸团扔在地上，心里想："这个公司的员工如此行事，他们做的东西质量会好吗？售后服务会有保障吗？还是先别交定金了吧，回去再斟酌斟酌！"

生产部经理陪着几位外商参观公司，正好路过这里，地上的纸团没有逃过大家的眼睛，结果外商指着那纸团问老板："这样的员工，能做出符合质量要求的产品吗？"

本来很轻松便能扔到垃圾桶里的一小团废纸，导致公司失去了数百万元的订单。

讨论题：
如果你是老板，你将如何避免类似问题再次发生？
（资料来源：http://yjbys.com/qiuzhiliyi/qzlygs/598790.html.）

案例分析： 在商务场合当中，你的行为举止不仅代表着你本人，还代表着你工作的部门、你的部门所属的公司、你的公司所属的集团，甚至代表你的集团所属的地区以及我们的国家。

项目七　求职面试礼仪训练

知识目标：熟悉求职面试的基本常识，了解求职面试在职场中的重要性，掌握求职、面试礼仪的方法。

能力目标：通过系统的理论知识和实操训练的学习，在求职面试时能够正确运用礼仪。

素质目标：熟练掌握求职面试时应该具有的礼仪规范，既能体现青年人良好的素质和教养，又能成功地获得心仪的职务。

求职面试礼仪训练包括撰写求职信、制作求职简历、面试时的自我介绍、面试礼仪等内容。通过这些内容的学习和训练，帮助学生提升整体形象，使其做到举止优雅大方，谈吐得体，使他们拥有更好的能力来获得更多求职、就业的机会，为将来的职业生涯打下良好的基础。

> **案例导入**
>
> 休息室里坐满了等候面试的人,有人充满自信,志在必得;有人紧张异常,一遍遍地背着自我介绍。面对众多的求职竞争者,李小倩不以为然地笑了笑,从包里拿出化妆盒补妆,又用手拢拢头发,心想:"我个子高挑、皮肤白皙,还有这身够靓的打扮,白领丽人味道十足,舍我其谁?"此时,考官叫到李小倩的名字,李小倩从容地走进考场。
>
> 按考官的要求,李小倩开始做自我介绍:"各位好!我是××大学中文系毕业班的学生李小倩。在校期间,我的学习成绩优良,曾担任两届学生会文艺部部长……我还有很多业余爱好,比如演讲、跳舞啊,还拿过奖呢!对于我的公关才能和社交手腕我是充满自信的。"一边说着,李小倩一边从包里拿出交谊舞大赛和校演讲比赛的获奖证书,化妆盒不小心跟着掉了出来,各式的化妆用品散落一地。她乱了手脚,慌忙捡东西,抬头对着考官说:"不好意思!"考官们不满地摇头,考官甲说:"小姐,麻烦你出去看一下我们的招聘条件,我们这里是研究所,你还是另谋高就吧。"
>
> 1. 为什么考官请李小倩另谋高就?
> 2. 她的求职准备是否充分?

随着人才市场和劳动就业市场的不断发展与完善,通过受聘方式找到工作已成为时代的必然。英国形象设计师罗伯特·庞德曾经说过:"这是一个两分钟的世界,你只有一分钟展示给人们你是谁,另一分钟让他们喜欢你。"如何在竞争激烈的人才市场中抓住机会,应聘成功呢?除了具备良好的专业素养外,掌握必要的技巧和方法也不容忽视。

任务一 求职面试前的准备

一、准备求职信

一封好的求职信,能够给招聘单位留下一个很好的第一印象,这对顺利入围面试是十分重要的。

求职信属于书信范畴,主要包括称呼、正文、结尾、署名、日期、目录、附件等七个方面的内容。其中正文是求职信的主题,首先要实事求是地说明本人的基本信息(但不要把个人简历照抄一遍),其次要有针对性地说明能胜任应聘岗位的各种能力和经验,最后要表示希望得到答复面试的机会。

在准备求职信时要注意以下几个方面。

(一)精心设计

力争你的求职信能在堆积如山的简历中脱颖而出。对大学生而言,关键是要标新立异而又没有哗众取宠的感觉,从而达到出奇制胜的效果。比如,如果你写得一手好字,一份用钢笔书写的求职信可能会使招聘人员眼前一亮;如果你能将各种材料如照片、证件,

编辑排版,这种画册式的求职信自然也是与众不同的。

(二)实事求是

恰如其分地介绍自己的能力和特长,但不必谦虚。

(三)文笔要流畅

表达要准确。如果是手写,字迹要工整、漂亮;如果是打印,要精心排版。在任何情况下,都要尽量避免笔误或拼写错误。

(四)重点突出,内容有条理

篇幅以2页约1500字较为合适,要有针对性,可能情况下应聘不同工作岗位时使用不同版本的求职信。对本人的能力、经验分门别类地做一个简要的描述,针对应聘职务的不同,表述该部分内容时可以有不同的重点。

在求职信的适当位置插入精心选择的近照。无论是贴上去的照片,还是打印出来的图片,都要做到清晰、柔美、不失真。求职信一般都要求同时寄一些有效证件的复印件如身份证、成绩单、推荐函、学历学位证书、获奖证书或任何其他能证明求职者能力的证明材料,如发表论文、发明证书等。求职者最好在正文下方列出一个附件清单,这样做,一是方便招聘单位审核;二是给招聘方留下一个有条不紊,很负责任,办事周到的好印象。

求职信范文(一)

尊敬的××公司领导:

  您好!

  感谢您抽出宝贵的时间来看我这封求职材料,我是在××人才网上看到你们的招聘信息,我对贵公司的前台文员一职很感兴趣,我希望这封信能够概括我的能力和我对这份工作的热情。

  我是湖南常德人,生于19××年。20××年,因为高考发挥失常,我选择了中南大学自考本科,我学的是法律,在读大学的日子里,我一直很注重提高自己的综合素质,不管是从学业上还是在处理事情的能力方面,我都严格要求自己。因为我不想被别人说自考生不努力,所以,我连续两年获得法学院"优秀学生"的称号,并且在20××年考取了助理人力资源管理师证,今年还顺利通过了学位考试。

  我在学校的创业者协会里担任宣传部干事一职,积极协助协会举办各种活动。班级事务繁多,我也经常帮助班干部减轻他们的工作压力。课余时间我还参加了勤工俭学兼职活动,大一时做过各种促销员,比如百事可乐等。大二暑假在酒店做服务员,也使我锻炼了自己的沟通能力和变通能力,使我认识到在外做事诚信待人是基础,活泼机灵、见事做事、干活勤快是讨人喜欢的诀窍。

  我的不断努力使我今年以优异的成绩提前毕业,这并不是说明我如何优秀,我只想证明我比别人更加努力,我相信,我的努力不会自费。我不缺乏能力与信心,我缺的是一个机会。谢谢！静候您的佳音！

此致

敬礼！

×××

××××年××月××日

（资料来源：http://www.mian4.net/qiuzhixin/69219.html.）

求职信范文（二）

尊敬的领导：

您好！

首先，真诚地感谢您从百忙之中抽出时间来看我的自荐材料。

我叫×××，是××大学的应届毕业生，所学的专业是法学。也许看到这里您会觉得我一点都不符合您的要求，我请求您看下去，我有信心让您满意！

大学时期，在抓好专业课学习的同时，我对会计学产生了浓厚的兴趣，因此当我把英语六级和计算机二级通过后，从大三开始便积极准备注册会计师考试，一点基础都没有的我开始从头学起，并参加了20××年的注册会计师考试，遗憾的是发挥失常，未能通过，但是我再接再厉，后来又参加了会计从业资格考试，已经有坚实基础的我此次考试轻松通过！

20××年度综合测评，因英语六级成绩好而荣获了校英语单项奖，且于20××年12月份正式成为中共党员！

我深深地懂得，昨天的成绩已成为历史，在这个竞争激烈的今天，只有脚踏实地、坚持不懈地努力，才能获得明天的辉煌，只有不断培养能力，提高素质，挖掘内在的潜能，才能使自己立于不败之地。

本着检验自我、锻炼自我、展现自我的目的，我来了。也许我并不完美，但我很自信，请给我一次机会，我会尽我最大的努力让您满意，我将以自己的青春和智慧无悔地奉献给贵单位。敢于创新，勇于开拓是我执著的追求，天道酬勤是我的人生信念。（注：我虽然没有工作经验，但是我一定会努力以最短的时间熟悉业务，全力以赴完成工作任务，希望您能给我这个机会，我有信心让您满意。）

最后，祝贵单位事业更上一层楼！全体员工健康进步！

此致

敬礼！

求职人：×××

××××年××月××日

（资料来源：http://www.mian4.net/qiuzhixin/52363.html.）

二、准备简历

准备简历主要是针对应聘的工作,将相关经验、业绩、能力、性格等简要列举出来,以达到推荐自己的目的。简历力求个性突出,设计精美,从而给用人单位留下深刻的印象。

(一)基本情况介绍

基本情况包括姓名、性别、出生日期、最高学历(学位)、电话、电子邮件等,可以在该部分内容的右侧粘贴或打印本人1寸登记照一张。

(二)学历情况概述

学习经历对大学生来说,可以从中学开始填,特别注意需填写上各种培训经历、在校期间的获奖情况、爱好和特长、参加过的社会实践活动、所任职务、承担的任务等。

(三)社会工作、勤工俭学经历

近几年来,越来越多的用人单位希望招聘到具有一定应变能力及社会工作经验的大学毕业生。具有学生干部工作经历和具有一定实际工作能力、管理能力的毕业生更容易获得就业机会。勤工俭学经历虽然与应聘职业无直接关系,但勤工俭学经历会给用人单位留下能吃苦、勤奋、负责、积极的好印象。

(四)特长、爱好与性格

这些能够展示个人的品德、修养、社交能力及团队精神,与工作性质关系密切,所以用词要贴切,内容要真实。

(五)联系方式

联系地址、电话千万不要忘记写,以免用人单位因联系不到而失去择业机会。

三、求职前的心理准备

在市场经济的大潮中,要想找到称心如意的工作,往往要通过求职面试这一道关口。不管竞争多么激烈,也不管你本人是否乐意去面试,你必须尽力而为,因为这是求职成功极为重要的途径。

在求职面试前或过程中需克服诸如自视甚高、无所谓或者自惭形秽等不良心态,做到精神饱满、意气风发,充满自信是面试成功的重要条件。

面试前要充分认识自己,了解自己的长处、兴趣、人生目标、就业的倾向。现在很多学校都会为即将毕业的学生进行就业指导,帮助毕业生分析个人的专业和志向,作为求职者应该充分利用这个渠道,为求职预先做好准备。多听从老师、家长和有社会经验的亲友的意见和建议,修正个人的志愿。

除此之外,还应该研究面试官。面试时考官会通过观察和交谈来获取求职者的信息,如外表、仪态、衣着以及行为举止;辞令及应对技巧;待人接物的态度及生活体验、礼仪素质;社交经验、应对能力以及与人相处的能力;对待职业的热忱、进取心和责任心;情绪是否稳定及个人本身的成熟程度;理想、人生观和世界观等。

明智的求职者应该针对以上方面准备充分,扬长避短,在面试时展示自己镇定、沉着和自信的一面,用职业化的言谈举止向用人单位表明自己就是最合适的人选。

知识链接

求职简历模板

开小开
PERSONAL RESUME

求职意向：产品运营

基本信息
- 性别：男
- 民族：汉族
- 现居：广州
- 籍贯：广东韶关
- 政治面貌：党员

联系方式
123-4567-8901
123456@qq.com

从业资格
- 会计从业资格证书
- 证券从业资格证书
- 金融从业资格证书
- 外贸从业资格证书

教育背景
- ✓ 2001.9—2004.6　湖北工业大学　信息管理信息系统　本科
- ✓ 2005.9—2007.6　华中科技大学　计算机软件设计　　硕士

工作经历
- ➢ 2009.9—2010.3　广州信息科技公司　　职位：互联网运营
- ✓ 工作描述：扩大用户群，提高用户活跃度；改进产品体验，寻找合适的盈利模式增加收入；进行市场调研，收集用户需求；负责或指导产品运营。
- ➢ 2014.9—2015.3　珠海信息科技公司　　职位：产品经理
- ✓ 工作描述：负责调查并根据用户的需求，确定开发何种产品，选择何种技术、商业模式等，并推动相应产品的开发组织，根据产品的生命周期，协调研发、营销、运营等，确定和组织实施相应的产品策略。

荣誉奖励
- ✓ 2013.09　　全国大学生程序设计比赛第一名
- ✓ 2013.10　　湖北省创业计划大赛武汉赛区冠军
- ✓ 2014.01　　湖北省创业计划大赛武汉赛区冠军
- ✓ 2015.01　　湖北省计算机软件设计大赛一等奖

技能评价
- ✓ 计算机能力　熟练使用office办公软件，如ppt、word等
- ✓ 英语能力　　通过英语四六级考试，具有良好口语能力
- ✓ 专业能力　　熟练使用办公软件、财务软件以及金融软件

自我评价
- ➢ 性格：乐观开朗，积极向上，诚实守信，乐于助人
- ➢ 学习：学习认真，在涉猎自身专业知识的同时也涉猎其他知识
- ➢ 工作：踏实负责，具有较好的团队合作精神和工作能力

夏微凉

求职意向：×××职位

年龄：22岁
籍贯：湖北
电话：18627****93
邮箱：234****@qq.com

教育经历

2011年9月—2014年6月　　武汉大学　　工商管理
主修课程：基础会计学、货币银行学、统计学、经济法概论、财务会计学、管理学原理、组织行为学、市场营销学、国际贸易理论、国际贸易实务、人力资源开发与管理、财务管理学

工作经历

20××年×月—20××年×月　××技术有限公司　市场总监
负责媒体购买流程和广告公司海外运营事务，包括海外运营模式探索、海外子公司运作流程组建、海外运营项目跟踪和推进等。
20××年×月—20××年×月　××公司　　业务主管
公司及竞争对手促销活动的调查、分析、销售预测及销售信息的反馈；
负责所辖区域专柜回款、分公司各类销售数据分析、基础资料的收集工作；同时，进行相关市场调研，为公司战略决策提供建议和意见。

所持证书

导游证　　　　会计从业资格证
英语六级证书　普通话二级乙等证书
驾驶证　　　　计算机二级证书

工作能力

工商管理学士学位，对企业管理有一定的见解和实践；
对企业策划甚感兴趣，阅读大量相关书籍，具备一定的理论知识；
有较强的文字能力，能独立完成阶段性的企划文案；
具备扎实的平面设计基本功，有良好的艺术造诣、创意能力与摄影技能；
熟练应用photoshop、coreldraw等相关平面设计软件及office办公软件。

自我评价

性格开朗乐观，对工作任劳任怨，具有较强的执行能力及协调能力；
希望通过自己在岗位工作的努力对公司有帮助以及让自己更快成长；
喜欢有条理、有计划以及较充实的工作。

张筱婕

求职意向：语文老师

- 👤 1992.07.05
- 📍 湖南长沙
- 📞 13610007000
- ✉ 2349890921@qq.com

教育背景

- **2012.09—2016.06** 湖北师范大学 汉语言文学
  主修课程：古代汉语、现代汉语等。

校外实践

- **2014.09—2016.02** 石子中学　　语文老师
  担任语文老师，养成了写教学反思的良好习惯，丰富了教学经验，提升了教学能力和处理课堂突发事件的能力；班主任的工作经历使我提升了与家长沟通的能力，增加了管理班级的经验，更加能吃苦耐劳。由于对学生有爱心、有耐心，且表现突出，被评为"优秀班主任"。

- **2014.07—2014.09** 流星雨教育　　兼职教师
  与五位同事首次进入灌阳开设教学点，从招生到教学全程负责；通过实践使我的教学、管理能力有了很大的提升。

- **2013.09—2014.07** 武汉培训学校 兼职教师
  前期担任助教，负责辅助老师做好各项工作；后期担任教师，真正面对一个班的学生教学，在教学能力和学生的管理能力皆有一定的提高。

自我评价

热爱教师这份神圣的职业，喜欢和学生们相处，耐心、细心，学会从每个细节关心学生，事无巨细；喜欢在工作过程中探索、收获新的教学方法，逐步形成了自己的教育教学理念，注重学生团队和团体；性格开朗，勤奋稳重，具有很好的团队合作精神；严格要求，追求上进，生活作风严谨，待人诚恳，有很强的荣誉感及团队合作精神；热爱文学，具有一定的文学功底和良好的文学感知能力。

校内实践

- **2014.02** 参加校爱心社组织的关心留守儿童公益家教活动。
- **2013.06** 参加校爱心社组织的走进敬老院献爱心活动。
- **2012.09** 参加大学"红五月"合唱比赛文学院组织策划工作。

奖项荣誉　　 基本技能　　♥ 兴趣爱好

奖项荣誉	基本技能	兴趣爱好
文学作品 ●●●●●●	大学英语 ●●●●●●	音乐 ●●●●●●
校级社团 ●●●●●○	计算机 ●●●●●○	运动 ●●●●●●
奖学金 ●●●●●○	PPT制作 ●●●●●○	旅游 ●●●●●○
优秀干事 ●●●●●○	粉笔板书 ●●●●●●	文学 ●●●●●●

四、面试前的形象准备

参加面试时,在服装的选择上不要过分讲究花哨、华丽,西服、衬衣、裤子、皮鞋等不宜给人以崭新发亮的感觉,但也要注意整洁大方,不可太邋遢,也不可修饰过分。无论是男装还是女装,对服装质地应略有讲究。合乎自身形象的着装会给人以干净利落、有专业精神的印象,男生应显得干练大方,女生应显得庄重高雅,叮当作响的珠宝饰物、过浓的香水、没拉直的丝袜、未修理过的指甲和蓬乱的头发等都会让自己的形象大打折扣。

参加面试时,要适当修饰自己的仪容。女生最好上点妆,适当遮住黑斑、雀斑或黑眼圈,让自己看上去容光焕发,妆容应以简洁、大方、亲切、自然为恰到好处。男生应保持头发整洁,发型简单、朴素、稳重大方,胡须最好刮干净,以精干、大方示人。

 案例分析

无声的介绍信

某公司经理对他为什么要录用一个没有任何人推荐的小伙子时如是说:"他带来了许多介绍信。他神态清爽,服饰整洁;在门口蹭掉了脚下带的土,进门后随手轻轻地关上了门;当他看见残疾人时主动让座;进了办公室,其他的人都从我故意放在地板上的那本书上迈过去,而他却很自然地俯身捡起并放在桌上;他回答问题简洁明了,干脆果断,这些难道不是最好的介绍信吗?"

(资料来源:http://www.ahsrst.cn/a/201510/76304.html。)

案例分析:第一印象十分重要,第一印象往往从谈话、举止、着装、个人的个性与修养中得来。良好的礼仪和外在形象能展示应聘者美好的外表和内在,使面试官产生好感,形成良好的第一印象。

任务二 面试时的礼仪

一、见面时的礼仪

面试时求职者最好提前10~20分钟到达面试地点。提前到达的好处是有充足的时间熟悉环境,找到面试场所,也能让自己稳定情绪,调整心态,做好面试准备。如果确实有客观原因需改期面试或不能按时到达的,一定要事先打电话告知面试官,以免对方久等。万一已经迟到,应及时道歉并主动简单陈述原因。

面试时应主动自觉地关掉手机或调至振动,然后敲门准备面试。敲门时要注意敲门声的大小和速度。正确的做法为,右手中指轻轻叩门三声,并伴随询问:"请问可以进来吗?"得到允许后方可推门入内。

进门后与面试官四目相对时,应面带微笑,主动问好。如果一进房间,面试官主动问候,应及时回应"您好"、"见到您很高兴"或"感谢您给我这次面试的机会"等礼貌用语。面对面试官时面部表情自然,保持得体的笑容,不要过于严肃或过于畏缩。目光坦荡,不要左顾右盼、眼神闪烁,也不要直勾勾地盯着面试官,这样都是很不礼貌的行为。如果有多位考官同时在场,你的眼神应照顾到所有人,不时地扫视全场,让大家都知道你在尊重他们。进入面试房间后不要贸然自行坐下,要等面试官请你坐时先表示感谢再大方入座。入座后要注意坐姿,要坐在椅子的前三分之一与三分之二之间,挺胸收腹,绝对不能背靠椅背,或者弯腰佝背,显得人很没有精神,而且不自信。不要跷二郎腿、抖腿或晃腿。男生的双脚分开比肩宽略窄,双手很自然地放置于大腿上,女生则应双膝并拢,穿着裙装时更应注意坐姿。

在面试时不要做小动作,比如转笔、折纸等,这样会显得很不严肃,也不要摸头发、下巴、耳朵等,会让人误以为是在掩饰紧张。

公文包或资料袋里的个人简历、证书、介绍信或推荐信等必要的求职资料要保证不用翻找就能迅速取出,呈送资料时要双手奉上,动作大方谦和,如图 7-1 所示。

图 7-1　面试时呈送资料

二、自我介绍的要点

进行自我介绍时要充满自信,举止大方,态度诚恳,介绍自己时可用一些幽默语言,既能调节气氛又能给主考官留下深刻的印象。

自我评价要客观公正,面试时切忌不切实际地胡乱夸口;应突出长处,但也不能隐瞒短处;说话要有条理,有逻辑性,巧妙利用具体生动的实例来证明自己,不要泛泛而谈;要注意自己的语音、语速,确保面试官能不费力气地听懂你在说什么。

注意把握时间,尽量用简明的语言有针对性地重点介绍与求职相关的学历、经历、能力及个性特征,尽量不要超过三分钟,切忌长篇大论;说话的语调也不可太单一,在碰到需要重点说明的内容时稍加重音强调,这样更容易让考官了解你要说的重点。

三、应答礼仪

回答问题是求职面试的核心内容,得体的回答是取得成功的关键。

面试时切忌冲动,面试官提出问题时,要在稍加考虑之后,再做出回答。这能让面试官觉得你是经过认真思考后给出的成熟回答,但是考虑时间不要太长,这样就会显得过分谨慎,畏首畏尾。通常情况下,可以在面试官问完问题之后,稍微思考几秒钟,脑子里有一个大概的轮廓,然后开始回答问题。在回答问题的过程中,不仅嘴巴要动,脑子也要动,边回答边考虑下句要说什么。

应答时要表现得从容镇定,不慌不忙,有问必答。碰到一时答不出的问题可以用两句话缓冲一下,如"这个问题我过去没怎么思考过。从刚才的情况看,我认为……"。这时脑子里就要迅速归纳出几条要点了。要是还找不出答案,就先说你所知道的,然后承认有的东西还没有经过认真考虑。面试官在意的并不一定只是问题的本身,如果求职者能从容地谈出自己的想法,虽然有所欠缺,不成熟,但也不致影响大局。

四、面试时的其他细节

人们往往说,细节决定成败,面试时一些小动作或细节也会被面试官列作评判内容。

不嚼口香糖,不抽烟;自己随身携带的公文包或者资料袋不可放置在面试官的办公桌上,而应放置于自己的座位下右脚的旁边;如果是小皮包可以放置在椅侧或背后,不要挂在椅背上或者抱在怀里;面试结束时,要起身向考官表示谢意,不要随意移动座椅;出门前再次正式向面试官致谢,并道再见,开关门的动作要轻柔。

知识链接

大专女生战胜3万人进入微软

河南南阳理工学院软件学院学生李文怡,在大学一年级课程刚结束时就被选拔到微软中国的微软 HelpDesk(帮助台)技术支持集训营集训,最终成为微软中国的30名实习生之一。在90%以上都是硕士生、博士生的微软员工群体中,她这名大专生是怎么成功的?

第一扇门:顺利入选50人微软集训营

能够成为微软的实习生,李文怡觉得自己非常幸运。

微软的实习生选拔程序非常严格。首先要通过所在学校老师和学校领导的推荐和选拔;然后要进行微软的笔试,笔试分专业考试、应变问答和英语翻译;第三步是北京微软中国的电话面试,考验专业知识和沟通能力;第四步是参加微软北京总部的全国集中培训;最后是在北京总部的面试。

前三关李文怡过得比较轻松,因为她是学校软件学院办公室主任,组织参加了很多活动,并赢得了不少荣誉。获得推荐并不困难,微软的笔试和电话面试也进行得十分顺利。

6月份，李文怡顺利进入微软在北京郊区的微软 HelpDesk 技术支持集训营。共有50名来自全国数百所学校的学生参加，其中很多是名牌大学大二大三的学生，50个人中，只有李文怡和她的三名同学是大专生。

在培训中，不但要学习专业知识，更重要的是重视个人素质的培养，比如如何面对客人拜访，怎么组织简单的报告会等，这些在学校里没人教。在个人素质方面，李文怡觉得自己还不错，因为在初中和高中阶段，她一直担任学校广播站的播音员，高中时期还担任学校宣传部的部长，锻炼了与人沟通的能力。

李文怡十分努力，在培训最后的分组考核中，其中有一个环节是讲课，她在她所在的那一组中获得了第一名。

第二扇门：幸运地成为30名微软实习生之一

集中培训结束后，李文怡和其他培训者一样，站在了被选择的起跑线上，只有30个人可以进入微软当实习生。

但在培训期间，李文怡并没有引起微软培训老师的特别注意。具有戏剧性的是，其中的一个部门很想要一位女实习生，挑选来挑选去，只有李文怡条件比较合适，所以他们选择了李文怡，决定给她两个月的实习期。

负责培训的老师告诉她："你在微软的生命期只有两个月，如果把握不好，进入微软的大门就会永远关闭。"

两个月的生命期意味着什么，李文怡心里十分明白。

回家收拾妥当，坐了十几个小时的火车来到北京。一下火车，李文怡心里没有一点底气，自己第一次来北京，周围一个人都不认识，自己能不能在这里适应？

刚到微软，她什么都不懂，在学校里面一年的学习，在公司里一点都用不上。"在世界第一的软件公司工作，每一刻学到的东西都是我的宝贵的财富和经验。"她自己这样想。

她最初的工作从在光缆上贴标签开始。微软的环境，给了她积极学习的动力，不会就问，6周以后，她就可以上项目了。关于这段最初的经历，李文怡写的实习生日记记录了她当时的情况和心情："在我的印象中，与其说微软是一个大企业，不如说是一个大家庭，我就是生活在微软的小孩子，健康快乐地成长。刚到微软时，我就是一个名副其实的婴儿，对于工作，一点儿都不懂；对于微软，就像小时候对父亲一样敬畏，担心自己会不小心说错话、做错事，显得畏畏缩缩。但微软让我感到家的温暖和踏实，我一点一滴地学习，逐渐了解自己的工作。我渐渐长大，开始认识我们家里的成员，工作上开始有所感悟。"

李文怡的努力赢得了大家的认可，6周以后，她开始被允许从事内部技术支持工作。

第三扇门：两个月实习期内获得领导认可

曾经是李文怡领导的胡俊高经理说："李文怡本身比较聪明和灵活，她身上有两个比较突出的优点，一个是她性格比较开朗，喜欢主动做事情，能够在比较陌生的环境中很快地适应下来并很好地开展工作；另一个就是她比较有责任心，工作交给她令人放心。"

但李文怡自己心里并没有多少底,两个月的实习期很快就要过去了,李文怡不知道自己的命运是留下来还是离开。

但奇怪的是,两个月过后,部门经理和督导并没有找她谈话,她还可以继续留在微软,这意味着她还有机会。

很快又两个月过去了,还是没有人找她谈话,她心里才安定下来,她知道自己终于被认可了。后来部门经理调整,新任经理金宣任职时,督导就立刻找到金经理,对她说:"你一定要想办法把李文怡留下来!她是个不错的女孩!"很快,她的工作也得到了金经理的认可。

第四扇门:3万人当中选出了3个人

有一天,公司老总突然找到她,问她在正式转正之前对薪水有什么要求,李文怡对这个提问感到有点突然,她说她没有任何要求,只是想在微软多学一些东西。令她高兴的是,老总还是把她的工资从实习期间的1500元涨了不少。

微软正式与她签订了半年的工作合同。其实在签订合同的时候,李文怡还是有一些犹豫,是留下来工作还是回去继续上学,她有点拿不定主意。胡俊高经理说:"她当时向我讨主意,我跟她说,在北京一边上学一边工作的机会多得很,我还是劝她留了下来。"

胡俊高说,全国软件专业的学生有4万人,学习微软课程的学生有3万人,而微软这次从中挑选的实习生只有30人,而能够留在微软工作的只有3人。所以可以看出微软的要求有多么严格。

跟李文怡站在同一起跑线上的很多是清华大学、浙江大学等知名大学的学生。选拔实习生的时候,有一个浙江大学的学生,是学生会的主席,各方面都比较优秀,但是因为在面试的时候经常巧妙地拍考官的马屁而被淘汰。

微软的这种选拔制度让李文怡很佩服,微软在使用人才上并不十分看重文凭,在他们的用人观点中,人才就是那些能用和可用之才。

第五扇门:融入微软文化下的激情生活

转正以后,并非意味着成为微软永远的员工了。微软员工的流动性非常大,被淘汰的现象经常出现,李文怡无疑时时刻刻都感到肩上的压力。

"在微软,我们员工的工作生命永远只有6个月。6个月的合同结束后,如果表现优异可以继续留下来工作,如果不能胜任,合同到期将会立刻走人。"李文怡说,她现在虽然正式转正,看似保险了,但如果不努力,走人是必然的。

北京市知春路西格玛大厦六楼工作间,不少同事已经下班,但李文怡的工作还没有结束,她正在整理一天工作的记录总结,并制订第二天的工作计划。

"公司尽量给我们创造一个很宽松的工作环境,但没有一个员工放纵自己,大家都很自觉。"李文怡说,这里的员工工资都很高,他们有车有房,属于不缺钱的一族,一个人到了不缺钱的境界,他工作是为了什么呢?

李文怡的反问让人想起了她们的老板比尔·盖茨的那句名言:"每天早晨醒来,一想到所从事的工作和所开发的技术将会给人类生活带来的巨大影响和变化,我就会无比兴奋和激动。"而这正是微软企业文化的核心所在。

"我在微软的激情生活才刚刚开始,和其他同事的工作境界相比,我还有很多路要走。"李文怡说。

（资料来源：http://www.govyi.com/fanwen/qiuzhigushi/201606/fanwen_20160622033058_521944.shtml.）

项目小结

求职者在求职面试过程中的表现直接关系到是否能成功获得其应聘职位,本项目从面试前的准备、面试时的礼仪等方面提出求职者应掌握面试的相关技巧,以此帮助求职者更好地做好面试准备,提高求职成功率。求职者应该通过掌握专业知识、知晓企业知识、注重衣着打扮,规范言行举止,努力培养良好的素养,从而取得面试的成功,获得理想的职位。

项目实训

一、知识训练

1. 简述书写求职信应注意的礼仪。
2. 参加求职面试时,求职者应掌握哪些应试技巧?
3. 请结合自身实际谈谈对求职面试礼仪的认识和感受。
4. 怎样提高求职面试时的应答技巧?

二、能力训练

1. 由一名老师或同学担任主考官,模拟求职面试时的基本程序。

目的:让学生熟练掌握面试的基本程序。

要求:大方的仪表风度、得体的语言艺术、良好的个人形象。

2. 撰写求职信和个人简历。

目的:掌握撰写求职信和个人简历的方法和技巧。

要求:个人简历设计新颖,有个性,求职信内容真实具体,特点鲜明。

[1] 王世芳.演员的形体训练[M].北京:中国传媒大学出版社,2010.
[2] 张美江.试论大学生形体美教育的必要性、可塑性及目的性[J].北京体育大学学报,1996(4).
[3] 芦特.形体训练对促进中学生身心发展的有益影响[J].北京体育大学学报,2004(12).
[4] 王慧丽.形体课教学对学生终身受益的影响与价值[J].体育学刊,2003(3).
[5] 邓芳.论高校形体韵律课的创新教学[J].上海体育学院学报,2001(4).
[6] 刘志红.学校形体教学课程体系的研究与实验[J].体育学刊,2000(5).
[7] 蔡明德,吴静."第三状态"身心治疗刍议[J].云南中医学院学报,1999(3).
[8] 陈梅.谈形体训练对旅游管理专业学生的作用[J].牡丹江教育学院学报,2005(2).
[9] 黄伟.形体训练在高等教育中的意义[J].中国市场,2005(4).
[10] 张军.试论大学生形体训练的美学内涵及价值[J].湖北教育学院学报,2006(4).
[11] 赵艳,单涛,王大力.形体训练课程建设与实践研究[J].广州体育学院学报,2008(4).
[12] 李晓帆,张绍荣.形体训练"三要素"——综合性、科学性和艺术性[J].湖南税务高等专科学校学报,2009(4).
[13] 刘凤婷.高校形体课对女大学生影响的研究[J].黔东南民族师范高等专科学校学报,2005(6).
[14] 王锦芳.形体舞蹈[M].杭州:浙江大学出版社,2006.
[15] 魏所康.培养模式论——学生创新精神培养与人才培养模式改革[M].南京:东南大学出版社,2004.
[16] 王本陆.课程与教学论[M].2版.北京:高等教育出版社,2004.
[17] 孙冰洁.结合动作示范 培养学生对形体训练课的兴趣[J].职业技术教育研究,2006(8).
[18] 张玲玲.体育教学中应重视学生形体训练[J].卫生职业教育,2006(1).
[19] 许湘岳,蒋璟萍,费秋萍.礼仪训练教程[M].北京:人民出版社,2012.

［20］　陈静.职场礼仪一本通［M］.南昌:百花洲文艺出版社,2012.
［21］　马建华.形象设计［M］.北京:中国纺织出版社,2002.
［22］　焦宝娥.礼仪服饰［M］.北京:中国轻工业出版社,2001.
［23］　叶立诚.中西服装史［M］.北京:中国纺织出版社,2002.
［24］　华梅.中国服装史［M］.天津:天津人民出版社,1994.
［25］　杨静.形体礼仪［M］.北京:中国戏剧出版社,2008.
［26］　王晶,张岩松.形体训练与形象礼仪［M］.北京:清华大学出版社,2011.
［27］　鄢向荣.旅游服务礼仪［M］.北京:清华大学出版社,2006.

教学支持说明

高等职业教育旅游大类专业示范院校"十三五"规划教材为华中科技大学出版社在湖北区域组建的高等职业教育教材。

为了改善教学效果,提高教材的使用效率,满足高校授课教师的教学需求,本套教材备有与纸质教材配套的教学课件(PPT 电子教案)和拓展资源(案例库、习题库视频等)。

为保证本教学课件及相关教学资料仅为教材使用者所得,我们将向使用本套教材的高校授课教师免费赠送教学课件或者相关教学资料,烦请授课教师和学生通过电话、邮件或加入旅游专家俱乐部 QQ 群等方式与我们联系,获取"教学课件资源申请表"文档并认真准确填写后发给我们,我们的联系方式如下:

地址:湖北省武汉市东湖新技术开发区华工科技园华工园六路

邮编:430223

电话:027-81321911

传真:027-81321917

E-mail:lyzjjlb@163.com

旅游专家俱乐部 QQ 群号:306110199

旅游专家俱乐部 QQ 群二维码:

群名称:旅游专家俱乐部
群　号:306110199

教学课件资源申请表

填表时间：_____年___月___日

1. 以下内容请教师按实际情况写，★为必填项。
2. 学生根据个人情况如实填写，相关内容可以酌情调整提交。

★姓名		★性别	□男 □女	出生年月		★职务		
						★职称	□教授 □副教授 □讲师 □助教	
★学校					★院/系			
★教研室					★专业			
★办公电话				家庭电话		★移动电话		
★E-mail（请填写清晰）						★QQ号/微信号		
★联系地址						★邮编		

★现在主授课程情况	学生人数	教材所属出版社	教材满意度
课程一			□满意 □一般 □不满意
课程二			□满意 □一般 □不满意
课程三			□满意 □一般 □不满意
其　他			□满意 □一般 □不满意

教 材 出 版 信 息					
方向一		□准备写	□写作中	□已成稿	□已出版待修订 □有讲义
方向二		□准备写	□写作中	□已成稿	□已出版待修订 □有讲义
方向三		□准备写	□写作中	□已成稿	□已出版待修订 □有讲义

　　请教师认真填写表格下列内容，提供索取课件配套教材的相关信息，我社根据每位教师/学生填表信息的完整性、授课情况与索取课件的相关性，以及教材使用的情况赠送教材的配套课件及相关教学资源。

ISBN(书号)	书名	作者	索取课件简要说明	学生人数（如选作教材）
			□教学　□参考	
			□教学　□参考	

★您对与课件配套的纸质教材的意见和建议，希望提供哪些配套教学资源：